ANA MARÍA BOTERO MARTÍNEZ

MIENTRAS MORÍA

Estuve con Dios y decidí regresar

snow
fountain
press

MIENTRAS MORÍA

Estuve con Dios y decidí regresar

@ Ana María Botero Martínez, 2023

Primera Edición, 2023
ISBN: 978-1-957417-51-6

Snow Fountain Press
25 SE 2nd. Avenue, Suite 316
Miami, FL 33131
www.snowfountainpress.com

Dirección editorial: Pilar Vélez
Edición: Jacobo Celnik
Diagramación editorial y diseño de portada:
Alynor Díaz / Snow Fountain Press

Las ideas expresadas en este libro son responsabilidad
de su autora.

Impreso en los Estados Unidos de América.

ÍNDICE

PRÓLOGO

Todo lo que nos rodea es amor, porque Dios es amor.
No se les puede olvidar eso.
Ana María Botero

En la mesa del comedor, mi familia solo tiene una regla: no pasar la sal. Si la sal está lejos, debes pedirle a alguien que la levante, la mueva y luego la ponga otra vez en la mesa, cerca de ti. Solo ahí puedes usarla. De cualquier otra manera, te llega la mala suerte.

Esta superstición ayudó a mi mamá a afrontar las complejidades de su nueva vida afuera de Colombia, libre de ataques terroristas, de carteles de droga, de ejércitos paramilitares o guerrilleros que eran una plaga en su país.

Mi vida siempre estuvo dividida entre Colombia y Estados Unidos. Mi afinidad por cada cultura era como un balancín y su inclinación variaba de forma constante.

En verano, el balancín se inclinaba de manera violenta hacia un lado; me levantaba cada mañana bajo la cálida majestuosidad de las montañas de Bogotá y del café con leche. Durante estas épocas, me convertía en mi tía Ana. Ella era la encarnación de todo lo que había soñado en convertirme. Su carisma y belleza natural competían solo con su inteligencia. Mi infancia fue moldeada por mis intentos por ser ella, copiando todo, desde su amor por Shakira hasta sus permanentes ganas de triunfar.

Cuando el verano acababa, el balancín se mecía en dirección opuesta. Su silla se acercaba más y más al suelo, mientras yo creaba una fantasía para mis amigos estadounidenses, reemplazaba las telenovelas de mi abuela por comedias y mis lecciones de salsa por clases de tenis. La constante oscilación me dejó desorientada y cambié los saleros por sobrecitos de sal. Era simplemente la forma más fácil.

Seis días después de que Ana se convirtió en madre por segunda vez, tuvo un derrame cerebral. Esos días estuvieron marcados por el permanente aleteo de luces amarillas fluorescentes; mi mente y mis emociones eran tan estériles como la sala de espera. Era incapaz de sentir algo diferente de mi fuerza interior. La enfermedad de Ana dañaba la parte de ella que yo llevaba dentro de mí: un hematoma que no podía sanar.

Las cenas me agraviaban. Una docena de nosotros reunidos en la mesa, imitando la normalidad. "¡No la pases!", murmuró mi mamá. Subí mis ojos y con actitud grosera respondí: "Es tonto". No apliqué su superstición. Mi mamá me miró fijamente y pude ver el dolor que llevaba, el dolor del tenso optimismo que se evidenciaba en líneas rojas bajo sus ojos. Cuando fui a agarrar la sal de la mano de ella, dejó salir su furia y soltó la sal. Miré la sal derramada y los vidrios rotos y lloré. Mi rechazo a la sal derivaba de mi ira con mi propia identidad convulsionada. La guerra entre los lados del balancín había causado esa fractura.

Vi mi reflejo en el intercambio de sal, sintiéndome como una marioneta a la que movían entre personas y culturas, sin la certeza de cuál era mi hogar. Había una disparidad entre la apariencia del supuesto propósito de la sal y su profundo significado. Por mucho que intentaba poner una fachada para otros, la cultura colombiana que llevaba por dentro nunca me permitiría conformarme con los sobrecitos de sal.

Pensé en Ana y en qué estaría pensando de mí en este momento. Las últimas semanas me habían expuesto a la aplastante realidad: la sensación de control es una ilusión. Miraba yacer vulnerable a la mujer que alguna vez silenciaba cortes y comedores con su incomparable ingenio. Por primera vez desde su accidente, me permití a mí misma sentir. Sentí rabia. Su trabajo diligente había sido detenido en un instante.

Sin embargo, como en muchas otras ocasiones, mi tía me dio claridad. El día que la llevamos a casa, me saludó con la misma sonrisa amorosa. Una sonrisa lo fuerte para sanar mi herida. Justo como lo había hecho tantas veces. Ella demostró mi error. Cuando tuvo autorización para iniciar su recuperación física, se levantaba cada mañana y continuaba su batalla imperturbable. Yo miraba mientras lágrimas y sudor resbalaban por su cara, mientras intentaba mover su cuerpo en formas que antes eran naturales. Ese sudor y esas lágrimas eran solo combustible para ella y ella continuaba esforzándose para ser más fuerte y sanar. Su influencia me sacudió. A pesar del hecho de que muchas cosas habían cambiado, mi deseo por ser ella solo se incrementó. Ella convirtió mi rabia en combustible, el cual usé en mi colegio y en mi estado físico.

Cuando pienso en ese repleto comedor aquella noche, caigo en la cuenta de que estaba sentada una persona de cada rincón de la tierra que había sacrificado sus responsabilidades para ayudar a mi tía. Eso era lo que significaba ser colombiana para mí. Nuestra conexión era y es tan fuerte, que solo puede ser descrita usando el realismo mágico que nació en ese país. Es la razón por la cual *I love you* tiene por lo menos cinco significados. Uno no sería suficiente.

Despierto cada mañana con un fuego que mi tía encendió en mí. Uno que comenzó con amor infinito y se convirtió en motivación incesante. Una motivación lo suficientemente fuerte para aceptar mi cultura colombiana e influenciarme, incluso, para definir cómo pasar la sal.

Valentina Ángel Botero
Sobrina de Ana María
Traducción del inglés al español por Ana María Botero

En mi nueva realidad, comencé a recodar vivencias del otro plano. Le dije a mi mamá que necesitaba escribir un libro. Ella estuvo de acuerdo y en varios momentos de lucidez le narré lo vivido. Con su ayuda, logré armar parte de este relato.

RENACER

RENACER

Yesterday is gone.
Tomorrow has not yet come.
We have only today.
Let us begin.
Madre Teresa de Calcuta

DESPERTAR

Abro mis ojos. No sé dónde estoy. No tengo ni idea de qué me pasó. Recuerdo estar encima de mi cama poniéndome los zapatos. La cama en la que me encuentro ahora parece ser la de un hospital. Estoy inmóvil, sin poder hablar. Nada en mí responde. Oigo muchos pitos; no suenan como los de los carros. De pronto, lo veo: Jesús está a mi lado. No me ha soltado ni por un instante. Mi alma recuerda que hace muy poco habitaba en el otro plano. Trato de hablar, pero no me salen las palabras. Tengo algo en mi garganta que me molesta y toma las decisiones de cuándo respirar; no depende de mí hacerlo. Esto no se parece al regreso a mi hogar que yo esperaba. Todo es confuso, miles de pensamientos pasan por mi mente. Tengo una cantidad de cables y tubos conectados a mi cuerpo. Trato de moverme, pero es como si mi cuerpo no recibiera la orden. Todo pita. Lentamente, voy tomando conciencia de la situación. Veo a mi mamá y a Andrés, mi marido; están parados junto a la cama. Parecen felices de verme. Yo sigo sin entender nada. Verlos me da la tranquilidad de estar en un lugar seguro. Quiero hablar, ver a mis hijos, pero no puedo decir nada de lo que pienso.

La impotencia es dolorosa y me desespero. Me cuesta trabajo mantener los ojos abiertos, tengo mucho sueño. De repente, una melodía llega a mi memoria: "Si saltas, vives, pero hay que saltar pa' dentro". Pienso en esas palabras durante un instante. Quiero entender qué es, en dónde las he oído. ¿Es una canción? ¿Es una instrucción? ¿Es una frase textual o la interpretación que mi cerebro le da a una afirmación? Solo sé que eso me lo dijo Jesús antes de regresar. Recuerdo que le dije que yo tenía que volver, que mis hijos me necesitaban. Él me dijo que volver dependía de mí, que era parte de mi libre albedrío. Lo miré intentando comprender qué paso debía dar. Él estaba sentado al lado mío, a la derecha, con las manos sobre sus piernas, llevaba una túnica azul. ¿Su rostro? El mismo que hemos visto en cuadros y en un centenar de imágenes. Fue mi acompañante en ese paso por el otro plano. Le dije que yo sabía que mi cuerpo estaba muy deteriorado, que yo no quería regresar y ser un problema para mis hijos, que quería ser una oportunidad en sus vidas. Me dejó claro que esa decisión no formaba parte de mi libre albedrío, que era una solicitud que Dios me había concedido. Así que acá estoy, enfrentando mi nueva realidad. Sin embargo, toda la información es muy confusa, no entiendo en qué momento me salí de la otra realidad donde estaba, y me desespero. Empiezo a hiperventilar y veo que Andrés llama a la enfermera jefe. Tengo una sensación borrosa y me duermo otra vez. Es muy probable que haya sido por el efecto de los medicamentos. Tengo muy viva la imagen de mi mamá saludándome: me dice que tuve un desmayo; sostengo la mano de Andrés.

Pienso de nuevo en mis hijos; quiero verlos, pero inevitablemente me duermo. Duermo durante días con pequeños intervalos en los que estoy consciente. Mi gran primer impacto cuando abrí los ojos por primera vez fue darme cuenta de que todo estaba diferente. Yo no entendía nada, porque mi verdad pertenecía al otro lado. Era consciente de que había vuelto porque así lo había decidido. De lo que no era tan consciente era de mi estado en este lado. Por eso, no entendía nada. Durante meses, estuve la mitad del tiempo acá y la otra, allá; dormía mucho, es la forma más clara en la que nos reconectamos con el otro lado. Me reencontraba con Dios y gran parte de mis miedos y mis dudas se disipaban.

Un día abrí los ojos y ya no tenía el respirador. Esa presión incómoda en la garganta se había ido. Después supe que me lo habían puesto tan pronto llegué a urgencias en el hospital. Mi forma de respirar les hizo pensar que estaba muy cerca de tener un paro respiratorio. La retirada del respirador fue un avance de muchos que vendrían.

¿Por qué sé que no tengo el respirador? Porque intento hablar y oigo mi voz, en un tono muy bajo, dañada, afectada por el respirador; pero es mi voz, no es una ilusión. Quiero saber qué me pasó, les pregunto en medio de la angustia de no poder mover las piernas ni los brazos. Andrés me dice que tuve un derrame cerebral y que todo va a estar bien. En ese momento, todavía no sé que están monitoreando cada parte de mí, cada reacción, cada movimiento y cada palabra, tratando de adivinar qué se me ha podido afectar. Y aunque yo también sé que todo va a estar bien, sus palabras me tranquilizan. Pasan unos minutos y entran varios médicos a la habitación. Me revisan, se alegran de verme despierta. Uno de ellos, el neurocirujano Alfonso Arellano, me cuenta lo que me pasó:

—Te operamos en tu cabeza. Estás muy bien, pero tenemos que examinarte a fondo, porque necesitamos ver qué se pudo afectar en todo tu cuerpo. Te vamos a hacer una serie de exámenes en los próximos días.

GRANDES MOTIVOS, GRANDES RETOS

Aunque ya respiraba por mi cuenta, todavía tenía tubos y máquinas que hacían todo por mí. Parte de los exámenes buscaban determinar si comer —es decir, masticar y deglutir— podía ser parte de una acción mecánica o asistida, pues hasta ese momento el alimento entraba por un tubo que ingresaba por mi nariz hasta mi estómago. También medirían la fuerza de mis músculos, mi memoria y la posibilidad de hablar como antes. Le dije al doctor Arellano que hiciera todo lo posible, porque tenía la certeza de que iba a estar bien. Me miró y me sonrió; dijo que se alegraba de verme con tan buena disposición y fe. Recuerdo que le dije: "No, doctor; tengo la certeza de que voy a estar bien; fe tiene el que no ha visto". El doctor Arellano recalcó que la recuperación dependía de mí, principalmente de mi actitud y disposición. Yo tenía claro que todo iba a estar bien. Era una verdad absoluta.

Para corregir los daños y todas las afectaciones posibles que dejó el derrame, el cuerpo requería dormir; eso explica por qué las personas enfermas duermen tanto.

Tal como lo anunció el doctor Arellano, al cabo de unos días empezaron los exámenes y terapias diarias para fortalecer los músculos. La ausencia de movimiento y no comer de forma adecuada por estar en coma me hicieron perder el diez por ciento de la capacidad muscular por día. Es decir, a los diez días de estar en coma, todos mis músculos eran historia. Después entendí que esto

14

pasa porque el cuerpo se protege y el primer protegido es el cerebro. Las primeras terapias estaban centradas en fortalecer mis músculos. Para ello me subían en una especie de arnés para caminar de forma asistida. Andrés estaba todo el tiempo pendiente de mi recuperación junto con mis papás, mis dos hermanas y mis suegros; ellos fueron testigos directos de cada paso que daba, de cada avance significativo en esta carrera por recuperar mi normalidad.

Mientras tanto en mi casa, mi mamá y la de Andrés, que poco pasaron por el hospital mientras estuve en cuidados intensivos e intermedios, se encargaron del cuidado de Pedro Juan y Juan Miguel, mis dos hijos, que necesitaban de atención permanente y mucho amor. Desde que me dio el derrame, toda mi familia directa y política se hizo presente, y su apoyo fue fundamental para sobrellevar esos días de incertidumbre. Recuerdo que desde el momento en que tuve plena consciencia y entendí mi realidad, no hubo un solo día en el que no preguntara por mis hijos. Quería verlos, abrazarlos, sentirlos. Me decían que estaban bien, que mi mamá y mi suegra los estaban cuidando.

Ese detalle, el de acordarme siempre de mis hijos desde el instante en que abrí los ojos, fue fundamental para que los médicos entendieran que mi memoria no estaba tan mal. Siempre tuve claro quién era cada persona que veía, desde que desperté y reconocí a mi mamá y Andrés, hasta cuando el resto de mi familia se hizo presente. Nunca dudé de un nombre ni de un rostro familiar.

Tal vez los únicos a quienes no recuerdo es a los enfermeros y a las enfermeras del hospital. A veces pienso que mi mente los bloqueó, porque el frío que sentía cuando me bañaban sigue siendo un trauma en mi vida, no porque el agua fuera fría, sino porque cuando me sacaban de la ducha me sentaban desnuda a secarme y me dejaban el pelo mojado. El frío era inhumano. Hoy todavía no he logrado regular la temperatura de mi cuerpo.

De hecho, por acostarme en la cama con el pelo empapado, se me empezó a podrir y se me caía por montones. Cuando ya estaba en la habitación, mi mamá consiguió que una estilista fuera al hospital y me cortara los pedazos podridos de pelo. La situación era muy particular: tenía los huecos por donde habían cortado para llegar al cráneo y los huecos que me había dejado la pudrición.

Creo que es una buena idea tomar fotos del tiempo que una persona permanece en coma. No con la intención de mostrárselas a la gente, eso nadie lo perdonaría, sino con el fin de mantener los recuerdos para la persona cuando despierte. A mí me pasó que todavía no sé cómo fue mi vida durante esas semanas, tengo una parte importante borrada. No sé cómo era Ana María con respirador ni cuáles eran las cosas que me acompañaban, tampoco tengo una idea del lugar en el que estuve. Es decir, parte de mi historia está en blanco, no sé de lo que me hablan, no puedo dimensionar la gravedad de mi estado, pues no tengo imágenes ni videos de aquellos días. Es frustrante y difícil tener parte de tu historia borrada, pero lo peor es saber que hay gente al lado tuyo que sí la conoce y tú, no.

Al cabo de una semana, pasé de cuidados intermedios a una habitación, lo que significaba que alguien de mi familia, en especial Andrés, podía pasar la noche conmigo. Los días transcurrían entre terapias y ejercicios, entre pequeños avances y el anhelo de ver a mis hijos. Mi mamá y mi suegra empezaron a visitarme con más frecuencia y las labores del hogar se las turnaban con mis hermanas y mi marido. Aunque cada día significaba un avance, pequeños logros de muchos que llegarían, había un punto que no me dejaba estar tranquila: ver a mis hijos. Así que un día dije que no iba a hacer más ejercicios y que no me iba a parar de la cama hasta verlos.

En un punto pensé que algo malo les pasaba, y eso me tenía muy intranquila. El doctor Arellano me explicó que a Juan Miguel no lo podían traer al hospital porque tenía un mes de nacido y era un riesgo para su salud, pero accedió a autorizar una visita de Pedro Juan. Entonces, retomé la rutina de terapias.

Un día, estaba en el gimnasio del hospital al que me bajaban todos los días y, mientras hacía algunos ejercicios para fortalecer mis músculos, apareció Pedro Juan. No puedo explicar la felicidad que me produjo verlo. Ese día me volvió el alma al cuerpo. No hay suficientes palabras para describir lo que sentí cuando lo vi. Lo abracé por una eternidad, lo besé, lo miré, lo vi grande, sano, fuerte, saludable y tan hermoso. Hablamos; me contó del colegio, del día a día con las abuelitas en la casa y sus juegos. No parecían las respuestas de un niño; lo vi muy apropiado, muy maduro. Le pregunté por su hermanito y me dijo que estaba bien, que se la pasaba durmiendo, que hacía mucho popó y que no hacia sino llorar. Me sentí plena con sus palabras, porque me devolvieron la tranquilidad respecto al estado de mi bebé; sabía que mi hijo mayor no sabía mentir todavía. Ese instante con él lo había añorado desde el día en que abrí los ojos, y al vivirlo recibí toda la motivación necesaria para acelerar mi recuperación y salir pronto del hospital. No quería permanecer más allí; necesitaba a mis hijos, a mi marido, el calor de hogar.

Mi evolución fue muy rápida y, por momentos, inexplicable. Incluso mi suegro, que es médico ginecólogo, que vivió de primera mano toda mi evolución, me dice que mi recuperación fue sorprendente por lo rápido que se desenvolvieron los eventos. Los médicos no sabían que esto ya había sido negociado con Dios, por lo que yo no me sorprendía, como a los doctores. El 22 de enero me iban a dar de alta contra todo pronóstico del cuerpo médico del Hospital ABC. Sin embargo, una infección bacteriana, propia de las clínicas, pospuso unos días mi tan anhelado regreso a casa.

Me concentré de lleno en las terapias, en fortalecer los músculos y en entender por qué la movilidad del lado derecho de mi cuerpo estaba tan comprometida, en especial el brazo y la pierna. En ese punto de mi recuperación, no me habían dado mucha información de lo que me había sucedido ni de por qué llevaba veinticinco días en un hospital. Solo sabía que había tenido un derrame en el hemisferio izquierdo del cerebro que comprometió algunas funciones del lado derecho de mi cuerpo y que me habían operado. Nada más.

No hice muchas preguntas, porque, como he dicho, tenía la certeza de que todo iba a estar bien. Estaba segura de que caminaría de nuevo. Aunque no podía mover bien la pierna debido a que los músculos estaban muy disminuidos, al cabo de un par de semanas de terapias intensivas recuperé algo de movilidad y fuerza.

Mis otros dos grandes temas, la visión periférica del ojo derecho y mi memoria, me las trabajaban con terapia ocupacional. Después, ya estando en casa, mi memoria la ejercitaba una terapeuta que me hacía juegos y lecturas. Recuerdo mucho que me referían que, una vez el cerebro se desinflamara, entraría a operar la plasticidad cerebral, pero yo no tenía ni idea de qué me estaban hablando; el concepto de "plasticidad cerebral" era como chino avanzado para mí.

Un derrame cerebral se puede comparar con la caída de un celular al agua, en el que todos sus circuitos se ven afectados. En un derrame cerebral, las terminales nerviosas se perjudican y el cuerpo no responde las órdenes, ya que no hay forma de dar instrucciones.

Claro que, a diferencia de los celulares, el cerebro se regenera. Por eso, parte de las terapias en cuidados intermedios estaban dedicadas a todo el proceso de recuperar la normalidad en mi lado derecho y en mi ojo, y en recuperar el movimiento de la pierna, en enseñarle de nuevo al cerebro cómo se hace y se responde a una orden como caminar o levantarse. Parece sencillo, pero un acto que para muchas personas puede ser normal, como ponerse de pie, resulta complejo, ya que involucra varias terminales nerviosas que envían la información a los músculos para que estos, a su vez, respondan a esta orden y se lleve a cabalidad el proceso. Las terapias buscaban recordarle al cerebro, a las terminales nerviosas, cómo procesar y responder ante estas órdenes. Algo similar sucede con la memoria. Me pasaba cuando veía un vaso de agua. Sabía que el líquido era agua, pero me costaba trabajo dar con la palabra correspondiente, por más de que mi cerebro lo supiera.

Una actividad lúdica que me ayudó mucho en los días de la recuperación en la habitación del hospital fue jugar Sabelotodo, otro indicador del buen estado de mi memoria a largo plazo. Andrés me hacía preguntas relacionadas con historia, cultura general y deportes, y solía responderlas bien. Recordaba fechas, hechos históricos, nombres de presidentes, países, regiones, entre otros aspectos. También vimos series en Netflix, con lo cual trabajé la memoria a corto plazo. La estancia en la habitación se hizo más llevadera con la constante presencia de mi familia, parte esencial del motor de mi vida.

Los cuidados del aspecto físico del paciente en la habitación son un poco más específicos que en cuidados intermedios, como el de mi pelo, por ejemplo, que por fortuna lo cortaron muy poco durante la cirugía. Tengo entendido que para ese tipo de procedimientos antes rapaban al paciente; yo no tenía problema con que lo hicieran, pero mi mamá se opuso. Hoy le agradezco desde lo más profundo haberlo hecho. Cuando yo decía que no tenía problema con que me raparan, no estaba contemplando el hecho de que mi cabeza estaba llena de cicatrices horrendas derivadas de que habían cortado parte del cráneo.

Durante estos días que pasé en la habitación, pude hablar con Andrés, mis suegros, mis hermanas y mis papás de todo el proceso de estar en coma inducido, y cómo me despertaron poco a poco. Andrés me contó que, en la medida en que fui respondiendo a los tratamientos y la inflamación en el cerebro fue disminuyendo, empezaron un proceso de despertarme poco a poco, que tomó cerca de una semana. Eso significa que me quitaron medicamentos.

Conforme los síntomas fueron disminuyendo, mi cuerpo fue mostrando algunos signos de consciencia, como mover una mano, un párpado o tratar de hablar, a pesar de respirar de forma asistida. Fui pasando pequeñas pruebas, por ejemplo, comer, pero nada que lograba orinar. Tenía un catéter que me ayudaba. Me lo quitaron y el médico dijo que en doce horas debía orinar por mi cuenta, y que de eso dependía darme de alta. Valga decir que algunos médicos querían que yo hiciera los primeros seis meses de rehabilitación en el hospital, a lo cual me opuse rotundamente, porque me hacían mucha falta mis hijos; pero en ese momento sentía que no iba a ser capaz de orinar sin la sonda. No sentía las fuerzas para hacerlo. Mi hermana Catalina estaba conmigo y me dijo:

—Te voy a ayudar; vas a orinar.

Trajo cuatro latas de Coca-Cola, heladas, y me dio la orden:

—Necesito que orines.

Empezó a ponerme las latas sobre la barriga para que me dieran ganas de orinar y eso me salvó.

Los días previos a que me dieran de alta transcurrieron en medio de las rutinas que buscaban pequeñas mejorías en aspectos esenciales de mi movilidad y la memoria. La normalidad del día se alteraba con la visita constante de los médicos para ver mi evolución.

Un día, uno de los médicos se preocupó por mi estado anímico. Dijo que me veía decaída, triste y deprimida. Le respondí que era normal, que un mes atrás había dado a luz a mi segundo hijo y que la depresión posparto era parte de la vida de muchas mujeres que deciden ser mamá. Eso sumado a que un día había despertado sin poder moverme y sin saber de mis hijos, pues me parecía normal estar así; lo anormal sería lo contrario. Sin embargo, este médico, que era psiquiatra, me recetó un medicamento que me hizo pasar un día espantoso. Tuve alucinaciones, no dormí bien y sentí que los avances de los días previos habían retrocedido por cuenta de un medicamento que supuestamente buscaba mejorar mi estado de ánimo. Así que hice huelga y me opuse de manera rotunda a seguir tomándolo. Me parecía un viaje psicodélico que había alterado mis sentidos.

Ese día me descontrolé, grité, busqué con insistencia a mi hermana Catalina. Los médicos se asustaron y llamaron a mi casa. Pasadas las nueve o diez de la noche, apareció Catalina con mi papá en el hospital. Por fortuna, en el momento que me dio la crisis no estaba sola, Andrés se quedaba conmigo en la habitación, pero en medio del ataque de pánico que me dio necesitaba ver a mi hermana, mi amiga y confidente, una de las personas que más quiero en mi vida. Aunque el medicamento me lo dieron en la mañana, con el visto bueno de Andrés, la persona que, por ser mi esposo, autorizaba o no cualquier tipo de procedimiento relacionado con mi salud, fue hasta la noche cuando empecé a sentir los efectos secundarios. Una vez llegó Catalina, me calmé. Recuerdo que se recostó a mi lado, me abrazó y hablamos. Su presencia me dio paz y sosiego. De hecho, ella ha sido, desde que nací, mi polo a tierra. Mis hermanas Catalina y Laura son mi mayor apoyo, mi certeza, mi fuerza y mis alas. Las amo con locura.

A la mañana siguiente, cuando la enfermera llegó a darme la pastilla por segunda vez, le comuniqué al médico que no volvería a tomarla. Recuerdo que se molestó y se opuso, me insistió en que era por mi bien y que era parte de un tratamiento para nivelar mis emociones. Le dije que no quería y que no lo iba a hacer. Me dijo que no dependía de mí, que esa decisión la tomaba mi esposo. Creo que la ira que sentí fue enorme: ¿si yo ya estaba despierta y consciente, por qué esa decisión dependía de alguien diferente a mí misma? Alcancé a pensar que, si Andrés autorizaba que me dieran el medicamento contra mi voluntad, no había nada que yo pudiera hacer, pero una vez saliera del hospital me divorciaría. No había sentido tanta impotencia nunca y me producía ira profunda que alguien pudiera tomar las decisiones de mi vida. Pero Andrés me apoyó y desautorizó que siguieran dándome ese medicamento, salvo que yo estuviera en riesgo de otro derrame. Así se sumó una psicóloga a todo este proceso que me ayudó mucho y no intoxicó mi cuerpo con medicamentos innecesarios. Hablar con ella me hizo bien. Hablar me dio una nueva perspectiva de la realidad que tenía que enfrentar. Ella me ayudaba a enfocarme en aquellas cosas que podía controlar y que dependían de mí. Eso me cambió la perspectiva.

CONVERSACIÓN SOBRE EL OTRO PLANO

Aunque ya respiraba por mi cuenta, todavía tenía tubos y máquinas que hacían todo por mí. Parte de los exámenes buscaban determinar si comer —es decir, masticar y deglutir— podía ser parte de una acción mecánica o asistida, pues hasta ese momento el alimento entraba por un tubo que ingresaba por mi nariz hasta mi estómago. También medirían la fuerza de mis músculos, mi memoria y la posibilidad de hablar como antes. Le dije al doctor Arellano que hiciera todos los exámenes que quisiera, porque tenía la certeza de que iba a estar bien. Me miró y me sonrió; dijo que se alegraba de verme con tan buena disposición y fe. Recuerdo que le dije: "No, doctor; tengo la certeza de que voy a estar bien; fe tiene el que no ha visto". El doctor Arellano recalcó que la recuperación dependía de mí, principalmente de mi actitud y disposición. Yo tenía claro que todo iba a estar bien. Era una verdad absoluta.

Para corregir los daños y todas las afectaciones posibles que dejó el derrame, el cuerpo requería dormir; eso explica por qué las personas enfermas duermen tanto.

Tal como lo anunció el doctor Arellano, al cabo de unos días empezaron los exámenes y terapias diarias para fortalecer los músculos. La ausencia de movimiento y no comer de forma adecuada por estar en coma me hicieron perder el diez por ciento de la capacidad muscular por día. Es decir, a los diez días de estar en coma, todos mis músculos eran historia. Después entendí que esto pasa porque el cuerpo se protege y el primer protegido es el cerebro. Las primeras terapias estaban centradas en fortalecer mis músculos. Para ello me subían en una especie de arnés para caminar de forma asistida. Andrés estaba todo el tiempo pendiente de mi recuperación junto con mis papás, mis dos hermanas y mis suegros; ellos fueron testigos directos de cada paso que daba, de cada avance significativo en esta carrera por recuperar mi normalidad.

Mientras tanto en mi casa, mi mamá y la de Andrés, que poco pasaron por el hospital mientras estuve en cuidados intensivos e intermedios, se encargaron del cuidado de Pedro Juan y Juan Miguel, mis dos hijos, que necesitaban de atención permanente y mucho amor. Desde que me dio el derrame, toda mi familia directa y política se hizo presente, y su apoyo fue fundamental para sobrellevar esos días de incertidumbre. Recuerdo que desde el momento en que tuve plena consciencia y entendí mi realidad, no hubo un solo día en el que no preguntara por mis hijos. Quería verlos, abrazarlos, sentirlos. Me decían que estaban bien, que mi mamá y mi suegra los estaban cuidando.

Una tarde mi mamá y yo nos quedamos solas en la habitación. En medio de ese silencio necesario y con miles de pensamientos que llegaban a mi memoria, decidí contarle lo que estaba pensando. Era, tal vez, la primera vez que yo hablaba abiertamente de mi vivencia.

—Mamá, estuve con Dios y con Jesús —dije en un tono muy serio.

Hice énfasis en que son dos seres diferentes. Recalqué que Jesús no es Dios, que no compone a Dios, que no es la versión humana de Dios, que es un ser hermoso, que trabaja para Él, que está asignado, como muchos otros, a la creencia que tengamos, así como están Mahoma y muchos otros seres que ayudan a sus hijos en el tránsito entre un plano y otro. Que Jesús sigue conmigo. Lo tengo al lado, no me ha soltado porque estoy débil y lo necesito. Él sabe que no me puede soltar. Que Dios está siempre y es una constante, que es un presente permanente, que no necesita cualidades humanas, porque al estar con Él no funcionamos como humanos, no tenemos necesidad de nuestro cuerpo, no tenemos las debilidades humanas. Entendemos el concepto de que Él es amor y las implicaciones que nuestra humanidad olvida de forma permanente.

Mi mamá me miró sorprendida, pero como si entendiera perfectamente de lo que estábamos hablando. Me agarró la mano para sentir la fuerza de mis palabras. Entonces, le dije:

—Estuve a punto de morirme. El paso hacia la muerte está lleno de paz, no hay dolor, es divino, totalmente mágico.

Ella me miró y me dijo:

—Ana, cuando entraste en coma yo hablé con Dios. Él me dijo que todo iba a estar bien. Eso me dio tranquilidad para llevar este proceso de otra manera. Nunca dudé de tu recuperación. Nunca dudé de que nos volveríamos a ver.

—Volví por mis hijos, mamá. Le dije a Jesús que me ayudara a que Dios me dejara volver. Su respuesta fue contundente. Me dijo que eso solo dependía de mí, que era parte de mi libre albedrío. Le insistí en que necesitaba volver físicamente bien, que yo sabía que mi cuerpo estaba deteriorado, que necesitaba su ayuda para que Dios me devolviera con salud, porque no quería ser una carga. Por eso estoy acá.

—El 31 de diciembre estuviste muy grave, pero te recuperaste, saliste adelante. Los medicamentos que te dieron hicieron su efecto. El día anterior fuimos con tu papá y tus hermanas a la iglesia de la Virgen de Guadalupe. Oramos mucho por ti.

—Es raro, mamá; con todo lo mariana que fui toda mi vida, a ella no la vi.

Tuve la muerte muy cerca, la miré a los ojos, la tuve como mi siguiente paso en este plano. No solo no me produjo miedo, sino que todo lo que viví fueron experiencias positivas. Fueron momentos de entender mi paso por este plano, de ver a Jesús a los ojos, de sentir tranquilidad absoluta y certeza total de la presencia y compañía inconmensurable de Dios.

De esto escribiré más adelante.

REGRESAR A MI CASA, MI PRIORIDAD

Una de mis médicas era partidaria de que yo llevara a cabo toda mi rehabilitación inicial, que era de casi seis meses, en el hospital. Otra había pronosticado que yo pasaría cerca de dos meses, desde que desperté, en el hospital, para lograr la recuperación básica, salir para mi casa y al hospital para continuar con mis terapias todos los días. No había ninguna posibilidad de que yo me quedara dos meses más, mucho menos seis, fuera de la vida de mis hijos. Sabía que la primera opción dependía de mí y la segunda no la iba a permitir. Me opuse rotundamente. Solo había visto dos veces a Pedro Juan y necesitaba ver a Juan Miguel. Bajo ningún aspecto me iba a quedar dos meses en una cama de hospital y, mucho menos, si ya había mostrado avances significativos con las terapias físicas y no había riesgos para mi salud.

La junta médica del ABC autorizó mi alta el 30 de enero, treinta y seis días después de haber entrado al hospital por urgencias. Andrés compró una silla de ruedas y nos fuimos al apartamento. No encuentro palabras para describir lo que sentí cuando entré y vi a mis hijos. Pedro Juan vino emocionado hasta la entrada a saludarme. Sé que le impresionó verme en la silla de ruedas y me pidió que lo abrazara. Andrés le dijo: "Tienes que tener cuidado, mamá ahora tiene ruedas". Él sonrió y me abrazó. Hay un video de ese momento. Hoy lo veo, y me impresiona lo desubicada que me sentía, perdida, adormecida, entre acá y allá. Era muy raro sentir mi casa. Tan mía y tan extraña al mismo tiempo, con mi mamá y la mamá de mi esposo tomando las decisiones, incluso hasta de lo que se comía, y entrando a mi cuarto como si la que no estuviera en su casa fuera yo. Siempre he sido muy celosa de mi espacio y de mi intimidad, y salir del hospital también fue llegar a un lugar que no funcionaba como mi casa. Además de mi ausencia, la inevitable lucha de poderes de dos mujeres a cargo se sentía en el ambiente. Estaba muy inconsciente todavía, pero captaba perfectamente que mi casa era un lugar que me resultaba muy extraño.

Los primeros días de regreso estuvieron muy movidos. No tenía claro todavía quién era cada médico y en qué me ayudaban o qué tipo de consecuencias físicas o cognitivas podría tener el derrame cerebral, ni sabía muy bien qué tanto de lo que me decían mis papás o mi marido era cierto y qué tanto eran verdades acomodadas para evitar que me deprimiera. Sabía que de esta enfermedad saldría bien librada, porque ese fue mi acuerdo con Dios, pero no conocía los detalles y los pormenores de lo que me pasaba.

Me molestaba mucho que me trataran como una idiota, porque me hacía creer que me estaban engañando y que mi daño era mayor al que me habían querido contar. Fueron días complicados, de bajonazos anímicos, de cuestionamientos constantes. Tenía el reto de que mi familia, especialmente mi papá, que toda la vida nos ha protegido a mis hermanas y a mí con su vida, entendiera que yo seguía siendo un adulto capaz y que como tal debería ser tratada. Que mi limitación era física y no mental. Eso me trajo más de un disgusto. Tengo claro que él lo hacía por amor, pero en ese momento sentí que me creía idiota.

Recuerdo que un día mi marido iba al supermercado con mi

mamá y me preguntó si se me ofrecía algo. Feliz, le pedí que me trajera una Coca-Cola. Añoraba, deseaba con todas mis fuerzas, un sorbo de Coca-Cola. Durante todo mi embarazo no había tomado ni una gota, y me encantaba. Tenía antojos, normales. Era parte de volver a la normalidad. Recuerdo que ellos se disponían a salir hacia el supermercado cuando escuché la voz de mi papá. Le decía a mi esposo que no me trajera Coca-Cola, que no era buena para mí, que me trajera otra cosa. ¡La furia que sentí ese día! Me generaba dolor, rabia e impotencia ser tratada como una persona irracional que no podía tomar decisiones. Si mi papá consideraba que no era una buena idea que yo tomara Coca-Cola, podría decírmelo y dejar que yo tomara la decisión; pero que me trataran como bebé me generaba una desconfianza absoluta respecto a que me estuvieran diciendo la verdad. Afortunadamente, mi esposo fue un hombre consciente de las cosas y nunca dejó de tratarme como la mujer adulta que soy.

Las primeras noches en mi cama fueron un infierno. Además de la molestia permanente en la garganta, ocasionada por el respirador artificial y el bajo volumen de mi voz por lo lastimadas que quedaron las cuerdas vocales, todo el movimiento de mi cuerpo era una odisea. Quería moverme, bajar la cabeza o cambiar de posición y no podía. Tenía que pedirle ayuda a mi marido y para él no era fácil el tema. Sin embargo, no se quejó ni una sola vez. Las mil veces que lo desperté en las noches para que me ayudara a reacomodarme, lo hizo sin una sola queja.

Desestimamos, por sugerencia mía, contratar a una enfermera porque en la casa estaban mis papás, mi suegra, mis hermanas, así que gente para ayudar no haría falta. Sin embargo, la dinámica era un poco más complicada y decidimos contratar a una enfermera. Para mi sorpresa, nos enviaron un enfermero y la verdad no me sentí tranquila porque todavía había algunas funciones que requerían de asistencia, como entrar al baño, alimentarme o bañarme, y con un hombre no era cómodo. Creo que el enfermero duró un solo día; decidimos no contratar ni enfermera ni a nadie.

Andrés y mi familia me ayudaron. La rutina era más o menos la siguiente: mi mamá me despertaba a las 7 a. m. y me ayudaba a vestirme con la ropa para la terapia; ella, además, me bañaba, me daba el desayuno y me ayudaba con los niños. Una vez estaba lista para ir al ABC, mi papá me ponía la férula de la pierna derecha. Eso siempre tardaba un poco, porque era un trabajo complejo; la férula no entraba fácil en al zapato, que de por sí ya era dos tallas más grandes de lo usual. Estaba muy impedida en ese momento y necesitaba ayuda para todo. En el ABC, hacía dos horas de terapia y regresaba a la casa. En esas dos horas, trabajaba los músculos de mi cuerpo, coordinación y equilibrio la primera hora, y cómo escribir, leer y coordinar mi brazo derecho, la otra hora.

De vuelta a la normalidad, trataba de estar feliz; nada como el calor del hogar, nada como estar al lado de mis hijos. Poder verlos, abrazarlos y sentirlos, a pesar de mis dificultades, me dio mucha paz. Esa normalidad transcurrió en largos periodos de sueño, entendible por la cantidad de medicamentos que tomaba y por sentirme en dos planos. Sí, este plano y el otro. Tengo muchos pensamientos y recuerdos de ambos que explicaré más adelante.

En ese ir y venir entendí perfectamente el concepto de que el tiempo no existe, que es solo la manera en que el ser humano logra entender lo que pasa. En el otro plano, el tiempo no existe y cuando no existe el tiempo no puedes saber si algo lo vives antes o después. Simplemente lo vives. El tiempo es una invención de la mente. Sé que suena extraño y si a mí me lo hubieran dicho hace unos años, habría pensado que el que lo dijera estaba loco, pero hoy lo entiendo. Supongo que es lo mismo que pasó cuando las primeras personas se atrevieron a afirmar que la Tierra era redonda; muchos los tildaron de locos y hasta los quemaron en la hoguera. Hoy estoy convencida de que el tiempo no existe, todo pasa en el mismo instante. Hay un único Chernóbil que está pasando en este momento, no corresponde al pasado.

Pero volvamos a mi habitación. Era consciente de que había horas en las que estaba sola en mi acá y allá. En frente de mi cama, hay un mueble. Sobre ese mueble hay una foto de los cuatro, mis hijos, mi esposo y yo. Antes de dormirme, me quedaba perdida pensando en lo afortunada que soy por tener a mi familia. Algo en lo que pensé en esos primeros días de regreso a casa fue en mi marido, en cómo lo conocí, en lo importante que ha sido en este proceso. Ha estado conmigo en las buenas y en las malas. Sin embargo, esa dependencia que tenía, aunque temporal, no me gustaba, me quitaba la paz y la felicidad. No veía la hora de recuperarme y de que todo volviera a la normalidad. Pero si algo me mostró este accidente es que, cuando menos lo esperas, tu vida cambia y en estos momentos es cuando te das cuenta de lo importante que puede ser en la vida elegir bien. A mi esposo lo conocí el 20 de febrero de 2010, el día que festejaba mi cumpleaños. Ese día fuimos con varios amigos a un bar restaurante muy conocido llamado Gaira, propiedad de Carlos y Guillermo Vives, dos grandes músicos colombianos. Es un buen lugar para bailar.

LA MÚSICA EN MÍ

Me gusta la música y me gusta bailar, muchísimo. Fui muy rumbera. Creo que en el tiempo que estudié Derecho en la Universidad

Javeriana en Bogotá rumbeé como nunca en mi vida. Durante toda mi universidad, yo aún vivía en Colombia. Teníamos un muy buen grupo de amigos con el que salíamos frecuentemente, de martes a sábado. Éramos cinco, inseparables. Eso no quiere decir que solo rumbeábamos. Éramos muy aplicados en lo académico, así que la rumba estaba más que permitida. Nos reuníamos en casas, íbamos a bares y lugares de moda en Bogotá, a tomar cocteles en la calle 82, en Pravda, especialmente, y en el Parque de la 93 en Gato Negro, un lugar memorable de aquellos días; también íbamos a noches de mariachis los jueves en Houston's y Mr. Ribs con Paula, Catalina y Ximena. Ellas eran compañeras de mi primer curso, porque al irme a Londres a vivir un tiempo en 2000, mis compañeras cambiaron. La rumba, por lo general, era los viernes o sábados en Andrés Carne de Res, el mejor rumbeadero de Bogotá y sus alrededores. También íbamos a discotecas como Discovery, Music, Pipeline, Bull Dog y Massai. Bailar me llevaba a otro plano y me hacía vibrar en frecuencias muy altas. Lo disfrutaba mucho, en especial bailar música tropical, salsa, merengue. Era buena haciéndolo. Tenía tiempo (*timing*) y ritmo. Parece fácil bailar, pero no lo es. Es un ejercicio que exige coordinación, concentración y *feeling*. Y eso se tiene o no se tiene. Eso no se aprende. ¿Por qué escribo sobre esto? Porque el derrame me afectó por completo la capacidad de bailar. Me quitó la coordinación y el equilibrio. Habilidades que estoy empeñada en recuperar como sea.

El gusto por la música lo adquirí a inicios del bachillerato en el colegio Helvetia, en Bogotá. Me conocían porque me la pasaba pegada a mi *walkman* Sony Sport, *pa' rriba y pa' bajo*, escuchando 88.9 FM. Me gustaba mucho la música en español: Miguel Mateos, Soda Stereo, Gustavo Cerati, Miguel Bosé, Mecano, Víctor Manuel, Ricky Martin, a quien conocí y le robé un beso, y una que otra banda de rock anglo, como los Guns N' Roses, que además los vi en vivo. Pero lo mío era y es la música en español, especialmente la balada pop, y cantarla a todo pulmón. Hoy, por cortesía del respirador artificial que tuve en el hospital, mis cuerdas vocales quedaron afectadas y esto no me permite cantar ni hablar duro.

Tengo una anécdota memorable para que entiendan mi amor por el baile y la música: por lo general, pasábamos con mi familia fin de año en Cartagena. En aquella oportunidad, siendo todavía menor de edad, recuerdo que salimos de rumba con mis dos primas hermanas, hijas de mi tío Bernardo. Mi hermana Catalina no había ido, pues se había casado ese año y estaba de luna de miel. Fuimos a una famosa discoteca de Cartagena, La Escollera, con otra amiga que se llama Ana María Torres. Al salir, dejamos a mis primas en su apartamento, pues quedaba en la Ciudad Amurallada, muy cerca de donde estábamos de fiesta. Después de dejarlas, continuamos con Ana María hacia Boca Grande, la zona en la que quedan los apartamentos en los cuales cada una de nosotras se estaba quedando. Sin embargo, cuando nos estábamos dirigiendo hacia las casas, nos topamos con un bar en la ciudad amurallada que se llama o Tu Candela. Las dos éramos muy amantes de las fiestas, por lo que decidimos entrar. No me di cuenta del paso de las horas y en un momento me volteo y veo a mi tío Bernardo, vestido todo de rojo, con cara de querer matarme. Estaba furioso y preocupado. Casi que me sacó por la fuerza del lugar. Pero yo no estaba haciendo nada malo, solo estaba bailando. Fue un momento incómodo pero memorable que demuestra mi amor por la rumba y el baile. No niego que me da algo de nostalgia cuando cuento esta historia, porque inevitablemente recuerdo a los buenos amigos con los que compartí días únicos de rumba. Por eso para mí es tan importante la recuperación de mi pierna derecha. Añoro bailar y volveré a bailar.

Otro tema que siempre fue una de mis fortalezas es la facilidad para aprenderme la letra de las canciones con oírlas solo un par de veces. En algún momento, pensé que el derrame había arrasado también con eso, pero por fortuna no fue así. Las canciones que he sabido desde hace mucho tiempo siguen intactas y la facilidad para aprender nuevas no se vio minada en lo más mínimo.

ENTRE DOS PLANOS

Cuando me dieron de alta del hospital estaba ida. Como escribí, permanecía entre este plato y el otro, en constante comunicación con Dios y asimilando mi nueva realidad. Tenía clara, por primera vez en mi vida, la existencia de Dios y su papel en nuestra vida, pero aun así no resultaba fácil conciliarlo con mi nueva realidad en este plano. Hay una foto del día de mi cumpleaños que describe perfectamente mi estado. Estoy ahí, con toda mi familia, sentada en una silla de ruedas, pero no estoy presente, mi mirada y mi consciencia están en otro lado, en otro plano. Hay cosas que no reconozco, como estar con gente, con mi familia, celebrando mi cumpleaños. Para mí, ese momento no tiene sentido; no tiene sentido estar ahí compartiendo con ellos. No entiendo lo que estamos festejando. Ellos están felices por verme despierta, pero para mí es un golpe duro porque estoy en una nueva realidad que no logro conciliar.

Para tener algo de paz y tranquilidad le preguntaba a Dios todo el tiempo lo que estaba pasando para entender. Uno tiene acceso permanente a Dios; Él siempre está disponible. Lo que no entendemos a veces es que tenemos libre albedrío y mientras no renunciemos temporalmente a eso, Él no interviene en nuestras decisiones. Esa es una libertad que es tuya y tú decides cómo la administras. Lo que sucede es que Él no es el que necesita aprender, por eso las decisiones las debes tomar tú, asumir las consecuencias y aprender. Sin embargo, si lo necesitas, Él se encarga temporalmente. Hoy me divierte ver cómo la gente le reza a Dios para que se haga Su voluntad, pero si no ocurre lo que ellos esperan dicen que Dios los abandonó. ¿Al fin qué? ¿Quieren que Dios se encargue o quieren que se haga tu voluntad? Porque eso no es necesariamente lo mismo. A veces, lo que queremos que ocurra no es lo que necesitamos para el bien de nuestra alma, pero en su momento no lo entendemos y peleamos con Dios. Pídele a Dios que se haga su voluntad. Cada persona está en su proceso y lo necesita, de la misma manera que yo estoy en el mío. Si realmente quieres que se haga Su voluntad, suelta el control y acepta lo que venga, de lo contrario no intentes manipular a Dios diciendo que quieres que se haga Su voluntad, pero al mismo tiempo diciéndole qué es lo que esperas que ocurra.

Yo todo el tiempo le pedía ayuda, que me explicara qué estaba pasando. Las respuestas llegaban directo a mi mente. Por ejemplo, preguntaba por qué siento esto, y de una en mi mente me llegaba la respuesta, me daban información que me debería dar un médico.

Cuando despertaba de largos periodos de sueño, estaba acá, pero estaba allá. Mi mirada estaba perdida y el estado de ánimo mostraba altibajos. Era normal que mi temperamento no fuera el mejor. Estaba muy irritable, y sentirme impedida me daba rabia y una gran frustración. Pero a ver, ¿cómo te sentirías si un día, sin saber cómo, te despiertas y te enteras de que llevas casi un mes en el hospital, que tu vida cambió para siempre, que no te puedes casi mover y que todo lo que antes era tan obvio y fácil hoy es imposible. Además, me molestaba que mi situación se había convertido en el gran chisme y sentía que mi familia no me había protegido de esto. Hubo una etapa de cuestionamientos, de preguntas, para entender mi nueva realidad. Creo que duré dos meses brava, muy enojada, cuestionando todo lo que me había sucedido. No era fácil. Estaba irritable, intolerante, llorona.

Viví picos emocionales inimaginables. Durante las primeras semanas en la casa, yo no entendía qué me pasaba. Se me volvió un tema entenderlo. Me sentía diferente, me trataban diferente. No me gustaba que me trataran como si yo fuera una persona incapaz de decidir por mí misma. Me di cuenta, al cabo de un par de días de estar de regreso en la casa, que mi memoria a corto plazo también estaba muy afectada. Por eso permanecía muy callada, pensativa, ya que muchas de las palabras que eran habituales en mi lenguaje, normalmente se me desaparecían por minutos y no lograba encontrarlas. Era frustrante tratar de llevar una conversación y perder el hilo por la ausencia de palabras. Así que optaba por hacer silencio y escuchar a los demás. Eso era raro para mí, que toda mi vida fui bastante expresiva en mis opiniones y comentarios. Pero ocurría algo realmente inquietante: pasaban unos cinco o diez minutos y esa palabra que tanto había buscado aparecía. Pero ya era tarde, porque en ese punto de la conversación las otras personas ya habían cambiado de tema y la palabra no me servía para nada. ¡Bastante frustrante para una cotorra como yo!

Eso influyó mucho en los picos emocionales que tuve en esos primeros días. En lo más profundo de mi alma, yo sabía que iba a estar bien, pero ese día a día se hizo durísimo de llevar por momentos.

En el plano físico, me demoré mucho tiempo en sentir. Si me quemaba, no me daba cuenta; me cortaba y tampoco lo notaba. Hacía horas y horas de ejercicio, y no me dolía nada. No era consciente de que no sabía que no estaba sintiendo dolor. Uno da por sentado que, si algo pasa, duele. El dolor es una alerta del cuerpo. Yo vine a darme cuenta de que no sentía cuando me cortaba con un cuchillo y salía sangre. No sentía dolor, el indicador era la sangre. Eso a todo nivel, desde cortarme o hasta excederme con el ejercicio y no sentir dolor, era un indicador de que algo no estaba del todo en este plano.

Mi mamá fue la responsable de aplicarme durante los primeros meses, todos los días, las inyecciones en la barriga, que evitarían un nuevo trombo en el cerebro y con esto, la posibilidad de otro derrame. No dudo de que ella me ayudó de la mejor manera y estoy muy agradecida con todo lo que hizo. Lamentablemente, el temperamento nos juega malas pasadas a veces y solemos desahogarnos o descargarnos con las personas que más queremos; en mi caso, los grandes receptores de mis estados alterados fueron mis papás. No tenía nada claro, no entendía mi vida y no aceptaba todavía el duro cambio que había tenido. Sabía que era temporal, pero el cambio me frustraba. Una de las primeras cosas que había cambiado, en ese momento, era aquella sensación de dolor. Mi cerebro seguía inflamado y no actuaba adecuadamente. Mucha gente pensaría que eso era una bendición, pero para mí no lo era. La incapacidad de sentir dolor hacía que nunca tuviera claro del todo en qué dimensión estaba, pues el dolor es una sensación exclusiva de este plano.

Un día me levanté y, literalmente, me dolían todos los músculos del cuerpo. Llamé al médico, muy asustada, pero me sorprendió ver la alegría con la que tomaba la noticia. Me dijo: "Qué bueno eso que me cuentas. Al contrario, es una buena noticia. Significa que se te está desinflamando la parte del cerebro que maneja el dolor. Es la mejor noticia que me has dado, porque podrías no haberla recuperado". Creo que nunca en la vida me había alegrado tanto el dolor. De hecho, hoy lo valoro como una confirmación de que estoy viva.

El dolor pone límites, pero a mí me daba la seguridad absoluta de que yo estaba en este plano, porque durante varios días yo no sabía en qué plano me encontraba; de hecho, mi alma se hallaba más en el otro. El dolor me confirmaba que, efectivamente, había vuelto.

Durante un tiempo, dudé de si estaba viva, porque sentía como si viera a mis hijos y a mi familia como en una película en cámara lenta. Llegué a pensar que estaba en el otro plano viendo a mi familia. Me sentía como en ese filme en el que aparece Reese Whiderspoon, Just Like Heaven, en el que hace el papel de una mujer que estaba muerta y no se daba cuenta. En un punto, llegué a pensar que había muerto y no me había dado cuenta. Que mi regreso a este plano había sido mentira, que me lo había soñado. Pensaba que mi realidad no existía. Lo único que me hacía saber que yo estaba viva era el dolor. Por eso, lo vivo como mi mejor aliado. No es un enemigo. Antes pensaba que tener un alto umbral de dolor había jugado en mi contra en el derrame. Porque un fuerte dolor de cabeza, como el que yo sentí aquel 25 de diciembre, manda a una persona normal a la clínica; y de pronto en el hospital habrían detectado la presión de mi cabeza y hubieran tomado las decisiones oportunas para evitar el derrame. Hoy sé que no es así. El derrame era mi forma de morir y ningún médico en el mundo lo habría podido evitar. Esto solo podía cambiarlo Dios y devolverme en condiciones tan increíbles como volví.

Cuando uno está con Dios, el plano físico no existe. El día que dejé de sentir dolor sé que me encontraré en el otro plano, de nuevo con Dios. Significará que ya dejé el cuerpo. Pero hay que tener en cuenta algo: a muy poca gente se le ocurre devolverse del otro lado, porque el otro es el lado chévere, es en el que vuelves a casa con el deber cumplido, con los aprendizajes que tu alma pidió y sin los sentimientos humanos como dolor o miedo. Es el lado chévere, porque vuelves a recuperar la perspectiva. El dolor, el miedo, la angustia y todas esas sensaciones humanas se queden acá, en este plano. Recuperamos la capacidad de entender que el tiempo no existe y que todo es un gran presente permanente, lo que nos permite recalcar nuestro siguiente aprendizaje y revisar los errores que competimos y las lecciones que quedaron aprendidas.

En este plano, en la vida, eres efímero, pero tu alma no lo es, tu alma no tiene esa pierna que a mí me molesta. El acceso a Dios no tiene esa pierna, reinventar la existencia de cada uno de nosotros no tiene esta pierna. A mí no me importaba tanto mi pierna, me importaban mis hijos, mi tema era ser funcional, servirles a ellos, y no depender de nadie; para eso volví, para eso me concedieron esta opción. La información del alma nos llega por cosas como la intuición, el presentimiento, los sueños o la presencia de ángeles en los momentos en que la requerimos, pero al estar en este plano rechazamos lo que no podemos explicar, dejamos de lado la intuición. Cuando te encuentras en el otro plano, la información llega directamente y no la ignoramos, no pensamos que estamos locos por recibirla. Sé que la información nos llega a todos, solo tenemos que reaprender a oírla y creer.

La experiencia y la gran tranquilidad que me permite vivir feliz cada día de mi vida es haber entendido, por experiencia propia, que con Dios la relación es de complicidad y apoyo, no de poder y castigo. Que esa humanización de Dios que nos hace verlo como alguien con preferencias o hijos favoritos, no existe. Que cada cual está en su proceso y que Él lo sabe y lo entiende; que esa necesidad humana de control y de negar lo que no entendemos hace que nos hayan llenado la cabeza de ideas de aquello que supuestamente

Dios quiere y espera de nosotros, como si este proceso no fuera una carrera de acceder a Dios que todos estamos viviendo y a donde todos vamos a llegar, a nuestro ritmo, por nuestras decisiones y con todas las lecciones aprendidas. No es cierto que solo si hacemos lo que una creencia religiosa nos indica Dios nos va a permitir llegar a Él. Llegar a Él es nuestro destino. Depende de nosotros qué tan rápido lo logremos. Es un tema individual.

Una de las cosas que no estaba muy clara para mí era qué papel ocupaban en la vida todas las creencias que me habían inculcado y que no correspondían con ese amor absoluto que Dios envía en todo momento. Mi experiencia me generó un concepto de Dios, un concepto de la vida, un concepto del amor y un concepto del bien y el mal muy diferentes a los que tenía antes, por lo que gran parte de mis creencias y verdades se desplomaron. En su momento, pregunté sobre el bien y el mal, y cómo funcionaban. Recuerdo que pregunté por qué seres tan malvados habían tenido una muerte tan pronta y fácil. La información que recibí fue contundente: no conoces las verdades ni las mentiras que te han vendido, no sabes qué vivió esa persona en su momento ni qué hizo por los demás. No has hecho las cosas malas que hizo esa persona, pero tampoco has hecho las buenas; sin embargo, estás listo para rasgarte las vestiduras y acabar con otras personas moralmente, pero no ves tus errores y aprendizajes, que son en los que realmente te tienes que enfocar. El bien supera al mal, porque el bien es eterno y el mal es solo un medio de aprendizaje necesario, porque de lo contrario nuestro libre albedrío no tendría sentido.

Esa foto del día de mi cumpleaños demuestra mi estado permanente durante cerca de un año, estado que hoy lo asocio con lo que viven los bebés cuando nacen. El día que un bebé nace duerme el noventa por ciento del tiempo. En mi caso, era porque estaba en contacto continuo con Dios. Lo mismo les pasa a los bebés, porque tienen comunicación permanente con Dios y Él lo va soltando en la medida que el niño tiene libre albedrío y se hace autosuficiente. ¿Hasta cuándo te suelta? Hasta el momento en el que el ser humano le pide ayuda a Dios. El libre albedrío es renunciable parcial o temporal, como lo escribí; se le puede decir a Dios: "Quiero que te encargues", pero hay que tener presente que es tu libre albedrío. Él no te lo puede quitar, porque Él te lo dio. Si renuncias de manera temporal al libre albedrío, Él puede tomar decisiones por ti cuando le pides ayuda. Pero eso no significa que suceda lo que quieres. Eso significa que ocurre lo que más te conviene, no lo que esperas. Como seres humanos, cuando lo que te conviene no concuerda con lo que quieres, tendemos a creer que no ocurrió lo que le pedimos a Dios. Es decir, recurrimos a Dios por su poder, pero dudamos de su sabiduría. Es bastante raro, pero así somos.

En esos primeros meses, yo tenía contacto con Dios; sabía que Él estaba a mi lado todo el tiempo. La forma más clara de definirlo es de la siguiente manera: si yo pregunto si en un lugar hay aire, me van a responder que sí. Cuando pregunte si lo ven, me contestarán que no. Entonces, les preguntaré de nuevo que, si no ven el aire, cómo saben que existe. Me dirán que porque están respirando. Igual sucede con Dios. No lo ves, pero sabes que está ahí, porque si no estuviera, no existirías, no estarías vivo, no serías. No necesitas ver el aire para saber que hay aire. Lo estás respirando. Eso, justamente, es la presencia de Dios. En mi experiencia, cuando Dios estaba ahí al lado mío yo no necesitaba nada. No tenía angustia ni dolor. No tenía miedo. No me hacía falta nada para estar feliz. Por eso creo que Dios es amor. Eso que te produce el amor, eso es Dios. Cuando te sale amor por los poros, eso es Dios. Y por eso hoy estoy convencida de que vienes a este plano es a aprender el verdadero significado del amor, su poder, su capacidad, su alcance y su naturaleza perfecta. Mientras lo que te domine sea el miedo o el ego, no es el amor el que está siguiendo tus decisiones. Y viniste a aprender.

ÁNGELES DE CARNE Y HUESO

Las primeras terapias me las hicieron en el ABC. Trabajamos la posición del pie derecho y en recuperar la fuerza en los músculos, así como la movilidad de la mano derecha y el equilibrio, que era indispensable para volver a caminar. Eran ejercicios exigentes de casi dos horas. Al cabo de unas semanas y mientras el seguro médico definía unos asuntos, mi mamá consiguió una terapeuta fabulosa: Claudia, uno de los tantos ángeles que me mandó Dios. Ella venía todos los días al apartamento, lo que hizo el proceso mucho más cómodo; no tener que salir del apartamento era lo ideal, especialmente por estar más cerca de mis hijos. Recuerdo que al principio sus terapias eran dentro de mi casa y consistían en pararme y sentarme, y en rodar dentro de mi cama, pues, por raro que parezca, recuperar ese movimiento tan automático para todas las personas se había vuelto imposible para mí. Un día, al terminar la terapia, estaba de pie, agarrada de mi andadera, cuando Claudia vio el desorden que se había formado por el ejercicio de rodar en mi cama. Ella comenzó a estirar las cobijas mientras yo la miraba. En un segundo, perdí el equilibrio y me caí de cabeza en el piso. Claudia se angustió mucho y se lamentó por haberme dejado de pie en vez de obligarme a sentar. Ese golpe me envió derecho a un TAC de cerebro que mostró que el golpe no había afectado nada de mi cabeza. Claudia, los médicos, mi familia y yo, descansamos con esa noticia. Con esto llegó otro de mis grandes aprendizajes: proteger la cabeza de las caídas. Eso me evitó muchos problemas, porque de ahí en adelante, de los mil golpes que me di, ninguno tocó mi cabeza.

Decidí disfrutar cada día, cada terapia, cada nuevo aprendizaje. Aprovechar que la vida me había devuelto la capacidad de sorprenderme, de no darle importancia a las tonterías, de poner en una balanza lo importante y quitarle trascendencia a lo que no la tiene. Hoy lo entiendo muy claramente: cada persona está peleando sus batallas, cada uno tiene experiencias, creencias y temores diferentes, el miedo domina a la mayoría de los seres humanos, pero nadie lo reconoce.

Claudia me trabajó todos los días lo básico, desde pararme, sentarme, dar la vuelta en la cama; es decir, girar hacia la derecha y hacia la izquierda, hacer la vuelta completa y volver a la espalda, hasta los primeros movimientos coordinados de la pierna derecha. Por lo general, eran sesiones muy intensas y exigentes de hora y media. Incluso había ejercicios que requerían de la ayuda de otra persona para pararme y sostenerme de pie. Soy alta y Claudia no podía hacer algunos ejercicios sin la ayuda de otra persona. Uno de los ejercicios recurrentes con Claudia era sentarme en el borde de la cama y ponerme de pie. Una y otra vez para acostumbrar, de nuevo, al cerebro a ese proceso. Era un ejercicio que requería de la ayuda de mi papá o de mi marido.

Los avances fueron notables en los primeros dos meses de estar de vuelta en casa. Comer y entrar al baño por mi cuenta, fueron logros importantes que llegaron con relativa rapidez. Empecé a sostenerme de pie en la medida en que pasé de no tener músculos a ganar masa muscular. Luego vino el tema de perfeccionar el movimiento de la pierna porque intervienen varios músculos. Pararte y caminar es fácil, pero que el pie voltee, que la rodilla se doble como debe ser sin que te vayas de cabeza, ahí está el reto. Desde que salí del hospital, noté que avancé con cierta rapidez. Como bien lo he escrito, tenía la certeza de que iba a estar bien, pero parte de los avances vienen de la mano de la actitud y disposición para que sean palpables.

Dentro de lo que quería lograr estaba la eliminación de los medicamentos. Nunca me han gustado y quería dejar de llenar mi cuerpo de químicos lo más pronto posible, así que empecé por eliminar todos los que eran por mi comodidad, pero que no ponían en riesgo mi vida, como los que me manejaban el dolor. De ahí seguí retirando, con autorización del médico, cada medicamento en el momento en el que se fueran cumpliendo las condiciones. Por ejemplo, el anticoagulante, que lo odié porque pese a mi gran umbral del dolor que hace que las cosas no me duelan casi, era el que me ponían con un pinchazo todos los días en el ombligo. Las primeras veces ni lo sentía, pero llegó un momento en el que ya no cabía ni un pinchazo más en mi ombligo y cada vez que me iban a inyectar, lloraba del dolor. Logré que me lo quitaran cuando le pude demostrar al médico que ya estaba caminando al menos una hora al día. Esto fue un proceso en el cual tuve que sacar fuerzas y berraquera del fondo de mi alma y sacar a relucir mi forma de ser: terca, creyente de sabérselas todas y decidida. Mi opción era esa o creerles a los médicos que mi cuerpo tenía un plazo para recuperarse y que a partir de ahí no se verían cambios. Con todo el respeto y el amor que siento por los médicos, puedo decir hoy que mis ganas fueron más grandes que muchos de sus pronósticos.

Otro tema que hizo la diferencia fue atender la necesidad: unas veces, por decisión propia; otras, porque no tenía opción. Recuerdo que un día mi mamá tenía que salir y me dejó en la casa sin haberme bañado. Mi cuñada había venido de visita a México y acordamos que llegaría a comer a mi casa. Para el momento en que iba a llegar la hermana de Andrés, yo no me había bañado, así que me tocó, por primera vez, bañarme sin ayuda. Esa vez, me enojé mucho con mi mamá por haberse tardado tanto y ponerme en esa situación. Hoy se lo agradezco porque me obligó, sin proponérselo, a enfrentar el miedo de bañarme sola.

Después, empezamos con Claudia a combinar las terapias físicas en la casa con ejercicios de natación dos veces por semana. La natación la hacía con Toño, el entrenador de natación de mi hijo Pedro Juan. Me sirvió porque el agua no hace milagros, pero en el agua, al quitarle el peso al cuerpo, es evidente la forma como se mueve el músculo, se puede sentir. El agua no me iba a arreglar un daño en el costado izquierdo del cerebro, que a su vez envía una orden para doblar una pierna, pero sentir la reacción del músculo en el agua, sentir su respuesta, fue clave para acostumbrar al cerebro a enviar la orden. Es un tema de costumbre y por eso es importante trabajar todo lo relacionado con el movimiento para que el cuerpo se acuerde de cómo se tiene que mover.

En la piscina noté, con más claridad, que volvería a caminar muy pronto, que la silla de ruedas se iría al depósito. Dependía de mí, de las ganas y la fuerza que les pusiera a los ejercicios. Claudia fue importantísima en ese proceso, pero notamos al cabo de un par de meses que esa recuperación tan vertiginosa había mermado. Ya mi cuerpo lo que necesitaba era ejercicio físico en grandes cantidades, por lo que a mi vida llegó Julio. A él lo conocí cuando entrenaba en el gimnasio antes de mi accidente, y tenía claro que si alguien podía llevar mis músculos al límite, era él. Con él lloré varias veces de dolor, en especial cuando me hacía los estiramientos de los músculos. Pero fue muy efectivo.

Un tema que me tenía inquieta, y con más rabia, era la insistencia de los médicos en que no recuperaría del todo la movilidad y la normalidad en el pie derecho. Eso se oponía rotundamente a mi certeza, a lo que yo sabía que pasaría. A Julio se le metió en la cabeza que mi pie iba a salir adelante, por lo que se dedicó a trabajarlo a diario, al igual que los demás músculos. A Julio le debo la normalidad de mi pie derecho.

Al mismo tiempo, tenía mis terapias de robótica con Patricia, en un lugar llamado Cerebro. La terapia buscaba, literalmente, devolverle al cerebro la información de cómo caminar y repetírselo las veces que fuera necesario, hasta que dicho el cerebro lo hiciera de manera natural. Para eso, me subían con un arnés en un robot que no me permitía ningún movimiento que no fuera el adecuado en cada paso. Así, reentrenaban el cerebro para recordar su normalidad.

A esto se sumaron exámenes de movimiento en Teletón que me permitieron ver qué músculo estaba haciendo adecuadamente su trabajo y qué músculo no, lo que trajo a mis tratamientos la toxina botulínica, de los cuales escribiré en detalle más adelante.

Por ahora, basta con explicar que esta toxina, usada por tantas mujeres en el mundo para frenar el paso del tiempo y evitar el envejecimiento natural de los músculos de la cara, me la aplicaban en grandes cantidades en la pierna derecha con el fin de paralizar los músculos que estaban haciendo todo el trabajo y, así, obligar a trabajar aquellos que no habían podido hacerlo.

Yo no entendía cómo funcionaba, pero me explicaron que una de las consecuencias que trae el derrame cerebral es la espasticidad. Esto es, básicamente, que ciertos músculos se quedan permanentemente contraídos y no permiten que el otro músculo que debe contraerse lo haga. Caminar es un proceso continuo de contraer un músculo, mientras el opuesto se relaja y se hace mil veces en cada paso. Con la espasticidad, al permanecer todo el tiempo contraído un músculo, no se permite la contracción del opuesto, por lo que este último se debilita a tal punto que puede no volver a hacer lo que le toca. Con esto, el músculo fuerte empieza a sobre esforzarse y el otro, a perder la fuerza, y esto te lleva a caminar mal. Con la toxina, al paralizar el músculo fuerte, el otro empieza a hacer su trabajo, lo que le permite fortalecerse lo suficiente para que, a los cinco o seis meses, cuando se acaba el efecto de la toxina, el fortalecimiento del músculo iguale el poder de ambos músculos y el que era fuerte se vea obligado a hacer el movimiento de distensión y dejar que el otro haga su trabajo.

Lo primero que entendí al iniciar las terapias fue que el cuerpo se protege e intenta caminar como pueda, así el músculo que utilice no sea el adecuado. Lo segundo que entendí fue que algunos músculos de mi cuerpo estaban afectados por esa espasticidad; por este motivo, caminar se lograba muy rápido, pero con problemas de equilibrio, fuerza y el adecuado uso muscular que implica que se cojee. Es decir, el tema no iba a ser simplemente volver a ejercitarme para fortalecer los músculos; era necesario entrenar de nuevo al cerebro para que recuperara la normalidad de sus movimientos, hasta donde fuera posible. Tenía claro que era un tema de disciplina, convicción de poderlo lograr y paciencia. Lo primero que me dijeron los médicos fue que lo que no se lograra el primer año después del derrame, difícilmente era alcanzable. Aunque admiro y respeto profundamente a los médicos, este presagio no se ha cumplido en mi caso, de pronto por el trato que yo hice con Dios.

Cuando entendí que no bastaba con fortalecer y estirar los músculos, sino que era necesario que el cortocircuito de mi cerebro se rearmara, pero que —a diferencia de las cosas eléctricas— el cerebro sí puede aprender de nuevo, supe que mi camino hacia el éxito era la disciplina. Desde ese momento, el ejercicio y el conocimiento de mi cuerpo se volvieron mi meta. Aprendí a amar mi cuerpo y entender que estaba librando una ardua batalla para volver a ser lo que era, y que este proceso lo tenía que enfrentar sin miedo, sin tristeza, sin rabia y sin depresión. Que yo me estoy jugando la vida cada día, la facilidad de vivir, la independencia, la capacidad de trabajar sin ayudas y la oportunidad de convertir mi ACV en una gran lección que me haga crecer y no me suma en la depresión y la rabia.

En mi periodo de recuperación, tuve la ayuda de máquinas que me sostenían y condicionaban mis movimientos, con el fin de evitar que mi cuerpo no se acostumbrara a movimientos inadecuados. Algunas de estas máquinas fueron el arnés y el robot. Durante mi terapia en Cerebro —nombre de los exámenes que me hicieron en Teletón— revisaban con precisión el trabajo muscular y la toxina botulínica. Otro tema para combatir era la rigidez muscular, por lo que el estiramiento era una obligación en mi caso.

Además, con las endorfinas generadas por el ejercicio, lográbamos que yo pudiera mantenerme en la mejor actitud y viera el proceso como un aprendizaje hermoso, y no como una desgracia. Claramente, tuve días muy difíciles, tristezas y frustraciones inimaginables, pero aún con eso sigo creyendo que, si Dios me ofreciera devolverme al día de mi derrame y hacer que esto nunca pasara, no quisiera ese cambio. Si para vivir con la tranquilidad en el alma y la certeza de Dios que tengo hoy tuve que entregar una pierna, entregaría también la otra, sin dudarlo.

ENFRENTAR EL MIEDO

Cuando regresé a este plano mi nivel de inconsciencia jugó a mi favor: yo no era consciente de la posibilidad de caerme, de lastimarme y, mucho menos, de la opción de no volver a caminar. En esos primeros meses, yo funcionaba como los caballos, con los ojos tapados. Caminaba chueca, de un lugar a otro y el miedo nunca me frenó. Sin embargo, en la medida en que mi conciencia en este plano aumentó, el miedo tomó posesión de muchas de mis decisiones, sobre todo al caminar. Cada caída, cada moretón, cada cicatriz, cada peladura y cada costra se volvieron miedo en mi proceso. Empecé a tener miedo de caminar, por el miedo a caerme, y experimenté ataques de pánico. En este punto, vale la pena recordar que mi cerebro creía enviar la orden a la que estaba acostumbrado, pero el cortocircuito generado por el derrame hacía que la información no llegara a su destino, por lo que caminaba como de costumbre, pero la orden no llegaba, y entonces terminaba en el suelo.

Yo venía de un arduo proceso, de mucho trabajo físico, que buscaba que la pierna y el pie recuperaran su normalidad. Durante parte de ese proceso, como lo expliqué, por decisión de uno de mis médicos, me inyectaron toxina botulínica, para producir una parálisis temporal en los músculos de la pierna que permiten la movilidad lateral. Lo que se busca es que los músculos que están espásticos, es decir, permanentemente contraídos como consecuencia del derrame, se paralicen y así permitan que los músculos que no han podido fortalecerse recuperen su fuerza. Cabe recordar que el proceso de caminar consiste en grupos musculares que se contraen mientras el músculo opuesto se relaja, y viceversa. Si el que debe relajarse no lo hace, el que debe contraerse no lo logra. Esto hace que el músculo que no se relaje se fortalezca más de lo adecuado y el opuesto se debilite por completo, generando irregularidades en la marcha y deterioro muscular. La toxina bloquea al fuerte permitiendo al débil fortalecerse para poder dar la pelea y recuperar la posibilidad de normalizar la contracción-relajación natural del proceso. A eso le sumaron una férula especial, fabricada en Alemania, una vez la toxina hizo efecto. Todo para darle fuerza al pie. A los pocos días de usar la férula, me di cuenta de que su función era impedir que el pie se moviera para que así recuperara su posición normal. Pero eso tiene un problema: si te vas a caer, el pie no se dobla. Si el pie no se dobla, las rodillas no pueden tocar el piso. Así que empecé a experimentar caídas en las que me di tremendos golpes en la cara. Las primeras veces me sentí muy mal, no lo voy a negar. Pero como podía me recuperaba y seguía mi andar. Me di cuenta de que la férula no me dejaba doblar el pie, y ahí estaba el problema. Hoy suena bastante obvio, pero créanme que cuando uno se cae, uno no alcanza a hacer todo ese análisis de inmediato.

Debo decir que, antes de esta nueva etapa en mi recuperación, las caídas eran normales, porque lo que experimenta mi cuerpo es una pelea entre un cerebro que sabe caminar y un cerebro que no puede enviar la orden, porque tiene como un cortocircuito que hace que la pierna no pueda recibir la orden natural y espontáneamente, que deba aprender a recibir de nuevo las órdenes. Ese corto es lo que genera las caídas. La diferencia es que antes de la férula y la toxina botulínica eran caídas que amortiguaba con las rodillas, y no con mi boca y mi cara, y en la cama de un hospital. Caídas que antes no me generaban pánico, pero con la férula el miedo se apoderó de mí. De caminar con dificultad, pero segura de mí misma, pasé a necesitar un lugar de donde agarrarme a la hora de caminar. Sin esa opción, entraba en pánico. Gritaba, me desesperaba y sentía que me iba a caer por el bloqueo de la pierna. Uno o dos golpes uno los asimila, pero al cuarto o quinto, ya la cosa cambia.

La primera vez que sentí miedo durante el proceso de la toxina botulínica y la férula fue una mañana que fui a la piscina del edificio con mis hijos a realizar los habituales ejercicios para mi pierna. Salimos del apartamento sin problema, nos dirigimos al ascensor y nos encaminamos al área de la piscina. Cuando llegamos, mis dos hijos salieron corriendo de la emoción y yo intenté avanzar un poco más rápido para alcanzarlos. De repente, sentí que la pierna no me respondió y que me iba a caer. Logré sostenerme de la pared y me quedé quieta, como helada, sin poderme mover, presa del pánico. Si daba un paso más, sabía que me caería de cara. Justo, en ese momento, mientras me sostenía de la pared, pasó una persona y le pedí el favor de que me diera la mano para poder seguir avanzando hacia unas sillas. Esa mano me dio la seguridad para dar cada paso que necesitaba sin problema. Me senté, respiré profundo y entendí que tenía que tomar una decisión al respecto.

Desde esa paralizada en la piscina, empecé a ver el miedo desde otro punto de vista: como el peor enemigo que uno tiene, porque te lleva a tomar decisiones de no actuar. Y si uno quiere volver a caminar no puede no actuar. A raíz de eso, empecé a tratar de entender el miedo, de dónde viene, qué lo genera, qué lo produce. Los miedos son creados por la mente, sin excepción. El miedo lo produce lo desconocido, más allá de si es bueno o es malo. Mi cerebro generó el miedo y mi cerebro es el que lo puede combatir; eso lo fui entendiendo en este proceso. Sin embargo, ciertas ayudas psicológicas justifican el miedo: te ayudan a consentirlo, te dicen que es normal, que lo vivas, lo sientas y lo expreses. Es decir, te normalizan el tema para que aprendas a vivir con él. Pero resulta que no es normal, para mí no era normal sentir pánico cada vez que tenía que caminar, porque lo normal es caminar sin miedo. Por lo mismo, aunque valoro y agradezco el trabajo de los psicólogos, estoy convencida de que al miedo hay que enfrentarlo, mirarlo a los ojos y no dejar que rija tus acciones. Respeto el proceso de cada persona; el mío simplemente no permitía acostumbrarme al miedo, sino, por el contrario, enfrentarlo y ganarle la pelea.

Antes del ACV sí tuve miedos. Miedo a la muerte, a sufrir un accidente, a ser robada, a montar en avión. Yo era muy tranquila para viajar en avión hasta que tuve una experiencia llegando a Valledupar y se me dispararon los miedos a volar, pues, a causa del viento, el avión intentó varias veces aterrizar. La lucha del avión por no salirse de su eje y la obligación del piloto de tener que cambiar de estar bajando a subir violentamente me llenaron de miedo. En su momento, enfrenté el miedo a volar en avión con recursos como el *tapping* y llevando mi mente al peor de los eventos y analizando las consecuencias de que esto ocurriera. Así, superé miedos, incluso el miedo a las agujas.

Después de mi ACV, el miedo no había sido un factor en mi vida; de hecho, pensaba que si no tenía miedo a morir, o a que mis hijos murieran, pues ya nada podría generármelo. Recordé una conversación que tuve con una prima a raíz de la enfermedad de cáncer que le diagnosticaron. Ahí salió el tema del miedo. Ella tenía miedo a la muerte, pero además a dejar a sus hijos pequeños sin mamá. Fui consciente de que una enfermedad viene acompañada del factor miedo, en muchos casos por nuestras creencias sobre la muerte y, en otros, por nuestro conocimiento sobre la vida en este plano y lo que queda cojo el día que mueres. Temas económicos, temas de sentirse huérfano, temas de perder tranquilidad económica para los tuyos y tantas otras cosas que atan a este plano y que no tienen nada que ver con tu alma. Lo que pasa es que con mi derrame yo no tuve la oportunidad de tener miedo. No fue un factor en mi enfermedad porque a mí me dio un dolor de cabeza que me mandó inconsciente al hospital y listo. Pero a la gente, por lo general, una vez les hablan de una enfermedad aparece, inevitablemente, el miedo. Por este motivo, el miedo había sido el gran ausente de mi vida, pero el cerebro reaprende. En cada caída, se grabó en mi mente el dolor, y con esto el cerebro empezó a querer evitarlo, como un proceso natural y sano, generando miedo. Y mi miedo, fundado y lógico, empezó a hacerme la vida cuadritos, a tal punto que ni racionalizando que en el evento de caerme no iba a pasar de un raspón en la rodilla. ¿Que si tenía que darme alguien su mano o agarrarme de los brazos para que mi miedo pasara? No, era suficiente con saber que estaba cerca. Así de irracionales son los miedos.

Me di cuenta de que todos los avances del año se habían ido al traste por cuenta de la toxina y la férula. Me sentí triste y frustrada porque en este proceso cada avance, por pequeño que sea, es un gran logro. Pero cada retroceso puede ser abismal y mortal para la autoestima. Había momentos en los que sentía que podía caerme mientras caminaba, incluso en el apartamento, y me temblaban las piernas. Eso, sin duda, aumentaba las posibilidades de caerme, porque estaba bloqueando todo el proceso de órdenes y respuesta de la pierna. En más de una ocasión grité para pedir ayuda. La calma volvía cuando esa persona aparecía y se hacía a mi lado para poder continuar mi camino.

Estos temas se vieron incrementados cuando me aplicaban la toxina botulínica, pues movimientos que ya eran normales y fáciles para mí, de un momento a otro dejaban de existir como opción. La toxina me sacó muchas lágrimas, porque cuando hacía efecto bloqueaba todos los músculos que funcionaban, dejándome sin fuerza para caminar y, por lo tanto, sometiendo a miles de caídas diarias, mientras los músculos se fortalecían y me permitían volver a tener la forma de caminar. Los músculos que me quedaban disponibles estaban débiles. Esto era incluso peor que la falta de fuerza generada por el derrame, ya que esa falta de fuerza era algo que había aprendido a manejar y, de un momento a otro, me quitaban la fuerza de esa parte de la pierna. Mi cerebro, que ya contaba con ese músculo, de un momento a otro se volvía inexistente para mi pierna.

El reto era borrar tres meses de información errada que empezó a recibir mi cerebro desde la aplicación de la toxina y la férula para recordarle que antes había caminado sin problema y sin miedo. Con una amiga psicóloga, empecé unas terapias en las que ella me hacía unas preguntas, y con sus métodos fuimos al origen del miedo. Cuando entendí por qué lo desarrollé, empecé a trabajar en mí para tratar de borrarle esa información al cerebro, que era básicamente lo que tenía que hacer para poder caminar sin pánico o temor a caerme. Con la psicóloga fue con quien empecé a trabajar de nuevo la técnica del *tapping*, parecida a la que usan algunos guitarristas, y que se la escuché por primera vez a un excompañero de trabajo en Citi Bank. Además de esta, conocí la técnica del doctor Solarte, quien tiene unos métodos mucho más asertivos para todo el tema de "resetearle" información dañina a nuestro cerebro.

La intuición, Dios y la vida me decían que no debía seguir con el tratamiento de la toxina. Me di cuenta de que no me servía, de que no me estaba ayudando y que me había generado importantes retrocesos en mi recuperación. De seguro, mis músculos ganaron estabilidad en la fuerza y, con esto, normalidad en la marcha, pero el precio fue muy alto. Recordé cómo fue la primera vez que me lo inyectaron y entendí que hubo señales que dejé pasar de largo y que, si les hubiera prestado atención, tal vez no habría vivido toda esta situación. Recuerdo que aquel día hubo un trancón interminable en Ciudad de México y llegué tarde a la cita médica. Cuando entré al consultorio, hubo algo en la enfermera que no me gustó. No llevaba guantes y su actitud no era la mejor. Me sentía incómoda, pero, ante la recomendación del médico, decidí seguir sus indicaciones. Cuando me inyectaron la toxina, sentí de inmediato como si me hubiesen puesto un ancla en el pie. Fue una sensación espantosa. Sentía una tonelada de peso en la pierna que no me dejaba caminar. Era como si tuviera un yunque encima. Estoy segura de que si le inyectan la misma cantidad de toxina botulínica que me pusieron a una persona sin problemas en sus músculos también la dejarían coja.

Opté por hacerle caso a mi intuición y escuchar los mensajes que recibía del otro plano. Decidí no usar más la férula y no recibir más inyecciones de toxina. Retomé la rutina de ejercicios anteriores y me concentré en recuperar la movilidad que había perdido en el pie. Cuando me quité la férula, me di cuenta de que el pie estaba muy débil, que sin la férula no tenía fuerza. Prefería la normalidad médica que la perfección médica. Recuerdo que cuando decidí no usar más Botox, que es el nombre de la marca de la toxina, el médico me dijo que tuviera paciencia, que le diera tiempo al proceso. Sin embargo, para un médico que no vive y no experimenta lo que yo siento todos los días es muy fácil decirlo. Me mantuve firme en la decisión. Sabía que, hasta que el cuerpo no expulsara por completo esa sustancia, el problema persistiría.

Hoy pienso que los doctores, en un acto de responsabilidad, deberían aplicarse toxina botulínica antes se recetarla a cualquier paciente. Si, como ellos afirman, las consecuencias negativas de la toxina solo duran seis meses, la experiencia les haría entender lo que sienten y experimentan sus pacientes.

UNA RECUPERACIÓN SORPRENDENTE

Al principio de mi recuperación, la situación era muy extraña: de un día para otro, había adquirido la sabiduría que me había dado mi paso por el otro plano y mi reconocimiento de la presencia de Dios, y, por otro lado, tenía las capacidades físicas de un bebé. Esa dualidad era muy complicada. Veía los sufrimientos de los demás con una claridad tan grande de su dolor innecesario y tenía la respuesta casi inmediata para todas las grandes preguntas de este plano, pero no podía contestarte las preguntas más simples como, por ejemplo, cómo se llamaba la parte de la casa en la que comemos. Podía decirle al mundo que la respuesta es el amor, en cualquier caso, pero no podía contestar cuánto era seis por ocho. Podía generar la tranquilidad de un proceso de cambio de plano a quien lo experimentaba y a su familia, pero necesitaba ayuda para caminar.

Durante las primeras semanas, no pensaba en la grandeza de las lecciones que la vida me estaba mostrando, ni en los grandes amores que la vida me ponía en evidencia, sino que mantenía mi lógica humana de lo que era normal y que no estaba sucediendo en mi vida. Extrañaba mi equilibrio, la movilidad normal de mi cuerpo, mi memoria, que tantas veces me había servido. No estaba muy segura de mis capacidades y de mis habilidades, y extrañaba poderme valer por mí misma. Ir al baño, ducharme, agarrar un tenedor, cortar; todo era un gran reto. Yo soy diestra y el derrame cerebral, al ser en el lado izquierdo, afectó la capacidad de movimiento del lado derecho.

Pasaba mucho tiempo tratando de entender mi cuerpo; por qué no respondía, por qué había partes que no reaccionaban y qué me faltaba para normalizarlo. Comprendí que con las terapias físicas mi bienestar emocional estaba garantizado, que eso me lo generaba hacer ejercicio, así que le metí la ficha al ejercicio físico, porque tenía claro que no iba a tomar, bajo ningún aspecto, medicamentos psiquiátricos para mejorar mi estado de ánimo. Era mi vida, así que la miraba a la cara y la enfrentaba. Tal vez en ese momento tomé la decisión más importante y que me acompaña hasta hoy: que amargarme, lamentarme o pelear contra los hechos no iba a mejorar ni acelerar mi rehabilitación, pero sí me iba a hacer miserable, a mí y a quienes me rodean, incluyendo mis hijos; y eso no le aportaba nada a nadie, todo lo contrario. Por lo tanto, mi determinación fue aprovechar a mis hijos y disfrutar el proceso.

Yo quería afrontar como fuera la situación que me estaba tocando vivir, pero no cambiando una dependencia por otra. Como no quería depender, decidí que el ejercicio y las endorfinas generadas por este serían mis mejores medicamentos contra la depresión y la tristeza. No tomé medicamentos para la depresión, pero decidí aceptar el apoyo de una psicóloga para hablar, hablar mucho, y desahogarme con una persona ajena a mi entorno familiar que me pudiera dar otra mirada de mi nueva realidad

En este punto, y lo recalco, no me interesaba saber qué me había pasado ni si iba a estar bien, porque tenía la certeza de que iba a estarlo. Yo no pregunté esto cuánto se va a demorar; los médicos que me trataron pueden dar constancia de esto. Además, porque es estando en el otro plano donde uno entiende al fin el concepto de que el tiempo no existe, se hace evidente que es una pregunta inútil. Para mí, era un hecho que volvería a caminar normal, pero no preguntaba ni cuestionaba los tiempos; los tiempos los fijaba mi cerebro. Los fijaba mi pierna, y por eso no quería entrar en el juego de los médicos de esperar avances o cuestionar si avanzaba como ellos esperaban. No les creía, yo sabía que mi cuerpo iba a llegar a donde yo quería, pero anhelaba recuperar parte de la normalidad que me hacía feliz. Sin embargo, y como ya lo había decidido, el proceso lo pensaba disfrutar, ir un día a la vez, sin pausa, pero sin prisa.

Aunque mi estado anímico por cuenta de las endorfinas estaba mucho mejor, no puedo negar que había días en los que cuestionaba todo este proceso: peleaba con Dios, me daba rabia y frustración no tener mi normalidad de antes, lloraba mucho, pero noté que el ejercicio me ayudaba. La tristeza, la rabia, la frustración y todos los cambios en mi normalidad me sacaron numerosas lágrimas, pero entendí que lo importante es no quedarse en ello, no dejar que dominen tu vida, no permitir que se queden como parte normal de tu realidad.

En todo el proceso de las terapias físicas, lo más complicado fue trabajar el equilibrio y los reflejos. Esa capacidad de nuestro cuerpo de reaccionar ante la amenaza de una caída es básica. Tropezar y que nuestro cuerpo maneje la situación tan hábilmente para no irnos de cara fue algo que perdí con mi enfermedad. Si sentía que me caía, no había nada que hacer: terminaba en el piso sin poder evitarlo. El equilibrio y los reflejos no estaban. No en vano, uno aprende a caminar cuando mide un metro, no un metro setenta y dos. Esto me generó moretones a diario, muchos más de los que recuerdo haber tenido en el resto de mi vida. Lo más complicado era coordinar la fuerza del pie para hacer un movimiento y el equilibrio, pero justo cuando adquiría la habilidad llegaba la toxina botulínica y mandaba toda mi evolución a la porra.

Cuando empezó la recuperación, los médicos no daban un peso por mi pie, porque la pierna es otra historia. Me explicaban que entre más lejos estuviera del lugar del derrame, menos probable era su recuperación; y como el mío fue en la cabeza, el pie tenía pocas probabilidades de reaccionar adecuadamente. Como ya lo mencioné, el gran rehabilitador de mi pie fue Julio. Hasta que no vimos avances en la posición del pie, Julio no dejó de trabajarlo. Durante días y semanas, fue mi misión, su misión. No iba a descansar hasta ver al pie en su lugar, con la fuerza necesaria para dar cada paso.

Recuerdo una cita con uno de los neurólogos a cargo de mi rehabilitación y otros médicos cercanos a mi proceso. Quedaron sorprendidos con la mejoría: no daban un peso por mi pie, y había logrado avances milagrosos a punta de constancia y dedicación. Las terapias empezaban con ejercicios muy sencillos. Lo que buscábamos a toda costa era evitar que terminara caminando como si llevara una prótesis rígida, una "pata de palo", como se dice coloquialmente. Por eso era importante insistir en el ejercicio de doblar la rodilla y darle la fuerza muscular que le permitiera realizar el movimiento. Hay que reeducar al cerebro, que es como educar a un niño. Mover cien veces la pierna de la misma manera, luego otras cien, hasta que el cerebro se acuerde de qué debe hacer.

Con los primeros ejercicios, logré caminar coja, chueca; me agarraba de lo que fuera para no caerme. Pero ya había avances. No doblaba bien la rodilla y eso generó que se afectara la nalga y la espalda, porque todos los músculos los usaba mal. La demora en la recuperación se debe a que es necesario esperar a que cada uno de los músculos reaccione de manera adecuada y con fuerza. A eso hay que sumarle el equilibrio. Cuando mides lo que mide un adulto y empiezas de cero, cada caída es peligrosa. No olviden: yo entré en la madrugada del 26 de diciembre de 2018 en coma; el 31 de diciembre estaba al otro lado a punto de morir, el día más crítico de mi estadía en el ABC; el 9 de enero, empecé a reaccionar y salí del coma inducido el 19 de ese mismo mes; once días más tarde, estaba de regreso en mi casa. Mi evolución fue sorprendente, ni siquiera los médicos lo entendían. Al mes ya caminaba. Haber sido atlética me ayudó, haber hecho ejercicio a lo largo de mi vida ha sido clave, pero no olviden que yo venía autorizada por el otro lado, y eso significaba que, si había regresado, regresaría bien, no para ser una carga.

Otro aspecto clave en mi proceso de recuperación fueron las terapias cognitivas. Me costaba trabajo leer, no solo porque veía borroso, se me movían las letras y llegaba a tener hasta cinco opciones para definir una sola letra. Me costaba mucho trabajo y era lo que más falta me hacía. Desde mis días en el colegio, he sido una gran lectora, de literatura, historia, derecho, biografías, temas de ángeles, entre otros. En esas primeras semanas de regreso a casa me obsesioné con volver a leer. Al principio, no recordaba la existencia del celular, pero una vez lo tuve en mis manos intentaba leer el montón de chats que tenía represados. Leyendo mi celular fui capaz, por primera vez, de dimensionar la gravedad de lo que me había pasado. La cantidad de gente que estuvo enterada, la cantidad de cadenas de oración que se formaron, las personas que permanentemente preguntaban por mí y quienes estuvieron atentas a mi evolución. También me permitió darme cuenta de toda la información errada que circuló sobre mí. No soy muy amiga de que la gente conozca mi vida, y menos con verdades a medias, inexactas o con mentiras. Y de eso hubo bastante. Mucha gente se enteró y habló de mi enfermedad. Me dicen que fue para que oraran por mí. Para ser honesta, creo que Dios no necesita ni el chisme ni el detalle para ayudarte. Él, mejor que nadie, conoce tu situación y tu necesidad. Y no maneja el ego humano, que nos lleva a pensar que, entre más personas le pidan algo, más fácil lo concede. En mi experiencia, eso es parte de la humanización de Dios que explica porqué el ser humano necesita entender a ese ser que lo rige. Pero, en mi experiencia, Dios no es humano, no trae las bobadas, las tonterías, los egos ni los miedos que tan convenientemente nos han inculcado a los humanos. Y digo "convenientemente", porque el miedo es la herramienta más efectiva que tiene el ser humano para obligar a los demás a obedecer sin cuestionar. Y aunque agradezco las buenas intenciones y las oraciones de la gente, creo que gran parte de la información que circuló sobre mí fue para alimentar el morbo o esa costumbre que tenemos los humanos de hablar de las tragedias de los demás y ser portadores de la información. Como si eso aportara o ayudara en algo. Al final, en muchos casos, es movido por el morbo del chisme.

Esa es una de mis grandes lecciones: no comento nada de lo que la gente me cuenta, no le cuento a nadie de la vida de otras personas. Espero que mis allegados hagan lo mismo. El caso es que mi primera aproximación a la lectura fue con el celular. Y leer era dudar. Dudar todo el tiempo si "a" con "n" y "a" era Ana, así era el nivel de dificultad. Para descifrar que estaba leyendo una letra "a", pasaba por la duda y el repaso hasta tener claro que era una "a". Esa parte de la recuperación fue durísima. Soy abogada, mi trabajo consistía en leer, leer mucho. Y aunque en ese momento no tenía claro si regresaría a mi trabajo como asesora jurídica de Hacienda La Gloria, para mí era importante resolver ese tema.

Al principio, las terapias cognitivas se centraron en reconocer las letras del alfabeto en diferentes tamaños. Algo que nunca perdí. Me ayudó muchísimo que desde hace buen tiempo aprendí a escribir en el computador sin ver las letras. Eso, por fortuna, no se afectó, lo que me permitió escribir a una velocidad aceptable, pero leer sí fue algo que me costó muchísimo trabajo recuperar. Me daban lecturas y aleatoriamente achicaban el tamaño del texto para que pudiera afinar la lectura. Me hacían ejercicios de comprensión de lectura, resúmenes y análisis de textos. Mi terapeuta para eso era Ana, una psicóloga del ABC, que iba a mi casa todas las tardes.

Al principio, me tocaba usar renglones para leer, tapar el resto del texto y seguir la línea. Lo que empecé a hacer fue achicar la letra cada día y quitar algunas facilidades como tapar las palabras con las hojas. Tuve que leer fragmentos de libros, primero una página y escribir un resumen de esa página hasta que lograba comprender casi diez páginas. En esto, mi problema de memoria de corto plazo era terrible, porque leía la parte del libro que me tocaba y lo entendía perfectamente, pero al minuto siguiente ya no me acordaba de qué había leído. Se me borraba de la memoria, como si jamás lo hubiera leído. Algo similar a lo que le pasa a Dory de la película Buscando a Nemo. Era frustrante. Jugué sudoku para fortalecer la memoria y para recordarle al cerebro el orden natural de los números y las letras. Hoy todavía me cuesta trabajo leer, sigo trabajando todos los días para mejorar.

Una de las cosas que se convirtieron en una gran lección de vida fue entender que aquello que a mi mente le costaba trabajo recordar eran aquellas cosas que no me generaban amor: las matemáticas, las cosas triviales, como el nombre de ciertas cosas, pero, por ejemplo, la letra de las canciones nunca se me olvidó. Siempre tuve muy buena memoria para esto y jamás perdí ese pedazo de la memoria. No sé por qué, pero hasta el nombre, el autor y la letra de cada canción las recordaba. La música que he amado toda mi vida se mantuvo intacta.

Las matemáticas, que nunca fueron de mis afectos, se borraron por completo.

Aunque han pasado tres años desde el derrame, todavía hay secuelas. Tengo problemas con el ángulo de visión lateral del ojo derecho, como si llevara anteojeras, de esas que usan los caballos. Si tuviera que manejar, no tendría ningún inconveniente porque esa falencia en la visión lateral del ojo la corrijo con el espejo derecho del carro. En este tema juega a mi favor que vivo en un país en donde el conductor del carro maneja al lado izquierdo, por lo que la visión lateral realmente importante es la del ojo izquierdo, y ese no presenta ninguna lesión.

APRENDER A DEPENDER

En los primeros meses de recuperación, el apoyo de mis papás fue clave. No solo porque ellos me llevaban a las terapias del ABC, ya que Andrés se había reintegrado a su trabajo; también se encargaron de varias labores relacionadas con los niños. Por ejemplo, mi mamá tenía que bajar a Pedro Juan a la ruta del colegio a las 6:10 a. m. y recogerlo nuevamente a las 2:30 p. m. Eso implicaba una rutina diaria exigente, desde despertarse muy temprano para ayudarle a mi marido con temas de desayuno y otros menesteres, hasta mi baño y ayudar a vestirnos a Pedro Juan y a mí. En ese momento, para todos los efectos prácticos, ayudarme a mí era igual que ayudarle a un bebé: necesitaba apoyo para bañarme, para vestirme y hasta para comer. Teníamos una persona que nos ayudaba con temas de limpieza de la casa y cocina, Tere, que se ponía a Juan Miguel en el rebozo, y arreglaba el apartamento con él agarrado. No lo desamparaba mientras mis papás me acompañaban a la terapia, con lo que ellos podían estar pendientes de los niños. De hecho, Tere me dio el abrazo que más he necesitado en mi vida, mientras las demás personas a mi alrededor atendían sus celulares.

Juan Miguel era muy pequeño, dormía mucho y mi mamá también estuvo muy pendiente de su cuidado.

Esta dependencia fue una dura lección de la vida. He tenido una personalidad bastante celosa de mi espacio y de mi tiempo. Yo me fui, apenas pude, a vivir sola a un apartamento chiquitico.

Nunca me gustó la gente opinando sobre mi vida ni mi casa ni mis hijos, pero, como dice el dicho, "al que no quiere caldo, se le dan dos tazas". Me tocó depender de varias personas y aprender a vivir durante casi seis meses con otros tomando las decisiones de mi vida, ayudándome a bañar, a comer, a sacar a mis hijos, a llevarlos al bus y organizando todo lo que se hacía en mi casa y cómo. Como ya conté, durante los primeros meses me encontraba más en el otro plano que en este, por lo que la intervención permanente de otros en mi vida me pasaba inadvertida, pero en un momento comenzó a molestarme. Estoy eternamente agradecida con mis papás y con mis suegros por toda su ayuda, y por la lección de vida que tuve que enfrentar.

Recién llegada a mi casa, el tiempo que pasaba con mis hijos lo hacía desde la cama, acostada, porque no me podía parar; de hecho, no podía ni siquiera sentarme. No tenía la fuerza muscular para que los abdominales me permitieran estar sentada, así que a mis hijos me los traían; Pedro Juan se divertía con sus juguetes en mi cuarto, mientras consentía a Juan Miguel. Fueron días de mucha paciencia y aprendizaje, de añorar volver a una normalidad habitual y de entender, día a día, para qué me había sucedido lo que me pasó y las enseñanzas que eso estaba dejando en mi vida. De hecho, una de las primeras enseñanzas fue clara y contundente: saber por qué me había ocurrido lo que me pasó no hacía una diferencia en mi vida y no me aportaba nada. Lo importante era llegar a entender para qué me había pasado eso, que era lo que mi alma buscaba con aquella enseñanza. En el proceso de recuperación, pensé mucho en mis hijos y en los dos embarazos.

MIS JUANES

Recuerdo que, recién casados, Andrés insistía en el tema de traer hijos al mundo y me recalcaba todo el tiempo que yo no pensaba tener hijos cuando me casara. La verdad, en este momento no lo recuerdo, pero puede ser porque cuando nos casamos yo estaba dedicada por completo a mi trabajo. Había pasado de Biomax a Hacienda La Gloria y me sentía plena a nivel profesional. Amaba mi trabajo y la gente con la que trabajaba era espectacular. Formábamos un gran equipo. Los retos en Hacienda La Gloria fueron muy interesantes y demandantes. De muchos viajes, de pasar temporadas fuera de Bogotá atendiendo temas álgidos de tierras en el apartamento del Cesar, de donde extraño los sembrados de palma de la empresa.

Pedro Juan nació el 23 de febrero de 2013. Recuerdo que el día 25, lunes, tenía que ir a una audiencia muy importante y esperaba que me dieran unos días. Pero no sucedió. Fue un momento de mucha felicidad. La llegada de Pedro Juan le dio otro sentido a mi vida. El trabajo ya no sería lo más importante. Una vez terminé mi licencia de maternidad, mi mamá nos ayudó muchísimo con el cuidado del niño. Ella vivía en Chía y yo, en Bogotá, así que ella llegaba a mi casa a las 7:00 a. m. a cuidar a Pedro Juan. Yo trabajaba cerca, pero no lo suficiente como para ir a almorzar a mi casa, por lo que veía a Pedro Juan casi a las 6.30 p. m. Eran casi doce horas sin verlo, y eso cada día me costaba más. Andrés viajaba mucho por su trabajo; yo, también. Por eso, en el momento en el que Andrés me dijo que tenía una oferta para movernos a vivir en México, no lo pensé ni un segundo. Eso implicaba renunciar a mi trabajo y dedicarme a ser mamá. Pero no ocurrió así exactamente, pues en mi trabajo me pidieron que los siguiera asesorando en los temas de tierras viajando a Colombia con frecuencia y estando disponible para temas vía correo electrónico. Para mí era el mejor de los mundos, pues estaba con mi hijo todo el tiempo, pero sin perder mi independencia económica y haciendo lo que me gusta.

Supongo que tanto a mi mamá como a mi papá les dio duro cuando nos mudamos a México en diciembre de 2013. Sin embargo, su apoyo y su cuidado fueron fundamentales en los primeros meses de vida de Pedro Juan. Me parece recordar a mi papá diciéndome que le dio duro mi viaje, pero que jamás se interpondría en algo que era por nuestro bienestar.

Todo el proceso del embarazo de Juan Miguel fue diferente al de Pedro Juan. Estuve casi un año tratando de quedar embarazada. Tuve varias interrupciones en la búsqueda de mi bebé, por temas médicos y la llegada del anhelado segundo hijo se fue postergando. Cuando cumplí 40 años, decidí que era el momento de intentarlo de nuevo sin poner en riesgo la salud del bebé y la mía. Por aquellos días tuve que viajar mucho a Colombia por temas laborales relacionados con Hacienda La Gloria. Pasaba quince días en México y quince días en Colombia. Era un trajín bastante pesado y demandante.

Cuando iba a Colombia me quedaba en casa de mis suegros, donde me atendían como una reina. Las conversaciones con Francisco eran muy fructíferas. Hablábamos de todo, de su gusto por el golf, de la realidad del país, entre otras cuestiones. En marzo de 2017, tuve que volver a Bogotá, y en ese viaje empecé a sentirme mal. Efectivamente, estaba embarazada. Un embarazo no se les cuenta a otros hasta pasados los primeros tres meses, porque antes de ese tiempo el riesgo de pérdida es muy alto en cualquier mujer. Seis o siete meses antes, había perdido un bebé y no quería hacerme muchas ilusiones. Le conté a Andrés de este nuevo embarazo y ambos estábamos muy felices. El proceso con Juan Miguel se desarrolló sin contratiempos, con los chequeos normales y de rutina en México. Paradójicamente, este embarazo fue muy tranquilo y cuidado, diferente al de Pedro Juan, en el que seguí viajando a la Gloria, Cesar, hasta el día en que los médicos me lo permitieron. Almorzaba lo que hubiera en la oficina o en la hacienda, y corría como una loca. Digo paradójico, porque fue justo en el embarazo más tranquilo y mejor cuidado en el que casi me muero. En el de Juan Miguel, hice mucho ejercicio, comía sano, trabajaba por las tardes para salir de los temas familiares en la mañana. Fue un embarazo diferente al primero, tal vez más movido desde las diversas actividades laborales y del hogar. Pedro Juan iba al colegio y eso suponía toda una dinámica en la casa, sumado a los viajes de Andrés. Juan Miguel nació el 19 de diciembre de 2017, seis días antes de que mi vida cambiara del todo. Para su nacimiento, mis papás viajaron a Ciudad de México desde principios de diciembre. Catalina también vino a visitarme, pero no alcanzó a estar para el parto. Los misterios de la vida con mis papás: ¿quién se iba a imaginar que una visita por una inmensa alegría terminaría prolongándose más de lo esperado por cuenta de mi derrame? De eso hablo más adelante. De los sucesos posteriores al nacimiento de Juan Miguel.

ASUMIR: LA MEJOR DECISIÓN

En abril de 2018, dos meses y medio después de haber dejado el Hospital ABC, mis papás se regresaron a Colombia. En su momento, no lo tomé de la mejor manera, me sentí traicionada porque mi mamá me aseguró que iba a estar conmigo hasta que pudiera valerme por mí misma. Sin embargo, se le presentó un problema de salud y tuvo que viajar. Mi suegra llegó a acompañarme el mismo día que se fue mi mamá. Mi papá se había ido una semana antes. Mi suegro llegó a acompañarnos dos semanas después de mi suegra. Cuando regresaron a Colombia, mi mamá se ofreció a volver nuevamente a México a ayudarme con todo lo que necesitara. Le dije que no, que no quería que viniera. Era el momento de empezar a afrontar esta realidad por mí misma: era el momento de dejar de depender de los otros. No quería acostumbrarme a su presencia y que después me diera miedo estar sin ella. Entendí que, por mucho que los demás me ayudaran, había cosas que solo iban a depender de mí y decidí enfrentarlas. Ni mis hijos ni yo nos merecíamos una vida llena de tristezas, miedos y lamentaciones. Mi esposo tampoco. Mis hijos merecían un buen recuerdo de infancia, sin lamentos, sin quejas permanentes. Finalmente, volver había sido mi decisión y tenía que mirar la vida a la cara y enfrentarla.

Esta nueva realidad tenía dos opciones: o sentarme a llorar, a darme golpes de pecho y cuestionar lo que me pasó o la podía encarar de la mejor manera y sacarla adelante con actitud y determinación. Quienes me conocen saben que no suelo tirar la toalla tan fácil, que doy la pelea con fuerza, determinación y argumentos. Y así fue, asumí esta nueva realidad, decidí sacar adelante esta situación, que no era fácil: un hijo recién nacido que me necesitaba, un hijo en etapa preescolar que también me necesitaba, un marido que empezaba a retornar a la normalidad de su día a día en Bayer y yo con la necesidad de seguir trabajando todos los días en mi recuperación.

Nadie dijo que sería fácil regresar, pero parte del aprendizaje del regreso era saberlo encarar sin depender de nadie. Y así fue. Tenía la ayuda de Elizabeth, que es la persona que desde hace más de dos años me ayudaba con temas del hogar, me ayudó un montón, pero ya poco a poco asumí la dinámica de la casa. Eli, como le decimos a Elizabeth, se ganó el amor de mis hijos por su forma de tratarlos y de jugar con ellos. Lo primero que tuve claro fue que el miedo no podía hacer parte de mi equipo de trabajo. La decisión, las ganas y el empuje eran los factores que tenía que alimentar. Lo segundo que tuve claro fue que no iba a escuchar a nadie que no tuviera buenas palabras o actitudes. Hay muchos que disfrutan dando malas noticias, y a esos no los quería cerca de mi proceso. Lo tercero fue que, por mucho que supieran los médicos, las verdades de mi cerebro las alimentaba yo. Sin pazos establecidos por los médicos como verdades, sin miedos infundidos por los expertos en aterrorizar y sin permitir que nadie me quitara la certeza de que iba a volver a estar en mi estado físico anterior. Ya les conté cómo logré dejar atrás los medicamentos, pero lo más importante de este proceso fue manejar la mente, para no permitirle a mi cabeza dudar de que podría hacerlo.

En este proceso, he entendido que mi cuerpo es mío, que las decisiones las tomo yo y que el resultado lo sufro o lo disfruto yo, así que, sin tomar decisiones irresponsables sobre mi salud, decidí asumir el control. De esa manera, dejé de tomar el anticonvulsivo, que era el último medicamento que quedaba. Para hacerlo, hablé con el médico y le pregunté los riesgos y las posibilidades de convulsionar, teniendo en cuenta que yo nunca había convulsionado en mi vida.

Le pregunté si la convulsión era detectable en un TAC; me respondió que sí. Luego le pregunté cuál era mi posibilidad de convulsionar, y me contestó que era del tres por ciento. Le pregunté cuál era el porcentaje de convulsiones en personas en condiciones normales. Me dijo que el mismo tres por ciento. Le dije que prefería asumir el riesgo. Me dijo que estaba bien, con el compromiso de no tomar estimulantes. Me pareció un buen trato. Salieron de mi dieta, entre otras cosas, la Coca-Cola y mi amado café, al que le había cogido mucho cariño en los últimos meses. Así que seguí sus indicaciones, me esforcé con el ejercicio diario y empecé a sacar a mi hijo Pedro Juan al bus del colegio con Juan Miguel en un coche.

Gran parte de recuperar mi normalidad era no dejarme ganar del miedo. Decidí que por mucho que me cayera y por muchos moretones que me diera, el miedo no podía ser el que tomara las decisiones por mí. Empecé a mirar todo lo que hacía mi bebé desde el principio para lograr caminar y me di cuenta de que lo que caracteriza a los niños es que no tienen miedo de caerse. De ser así, nadie llegaría a caminar. Decidí que, pasara lo que pasara, no iba a dejar que me entrara el miedo. Si me caía, volvía a intentarlo, si la pierna me fallaba, volvía a enviarle la orden, hasta que lo entendiera como algo normal y emplazara a hacerlo de manera automática. En un derrame cerebral, el problema no es recuperar la fuerza, el problema es recuperar la orden al cerebro y los reflejos.

Parte de las cosas que tenía que enfrentar y desarrollar era la posibilidad de responder por mis hijos en un momento dado. Fue un proceso duro, porque cuando no puedes moverte con rapidez los niños son un gran reto.

Pero, como en todo, las mejores enseñanzas las da no tener otra opción. Recuerdo, por ejemplo, que un primer golpe que me abrió la perspectiva sucedió durante una visita de unos amigos de mi marido a México. Se quedaron en nuestra casa sin problema e hicieron las actividades normales que cualquier turista realiza en otro país. Un sábado decidieron que querían hacer el tour por Ciudad de México en el famoso Turibús, un bus escalera que recorre los lugares emblemáticos de la ciudad. Yo no tuve problema en que Andrés y Pedro Juan fueran con ellos, siempre y cuando regresaran para la hora de la cena. Esto implicaba quedarme sola con Juan Miguel todo el día. El día transcurrió sin contratiempos y mi marido me llamaba con frecuencia para saber de mí, por si necesitaba algo; estuvo muy pendiente. El caso es que fue pasando la tarde y entrada la noche Andrés no llegaba, aunque en una última llamada me había dicho que estaba cerca de la casa y que seguramente no se demoraba.

Sin embargo, sucedió lo contrario, y la verdad me molestó mucho, por varios motivos: le marqué varias veces a Andrés y no contestaba el celular, estaba sola con un bebé que no caminaba y yo no tenía forma de cargarlo, pues no tenía ni la fuerza ni el equilibrio y podía lastimarlo, y mi marido se iba paseo y se tomaba todo el día. Me molesté muchísimo; yo soy frontera, y les dije a todos que estaba molesta. La situación se puso tensa y el plan de salir a cenar esa noche se dañó. Tal vez Andrés no tenía la culpa, sin duda. Esos recorridos suelen ser lentos y, por lo general, no cumplen un horario, pero para mí lo reprochable era que, por primera vez y cuando más vulnerable me sentía porque tenía la responsabilidad de cuidar a mi bebé, se olvidara de mí y no contestara el teléfono. Eso me dio otra gran lección, por mí y por mis hijos: no depender de una persona específica y rodearme de gente que en un momento dado pudiera ayudarme. Entre esos seres hermosos que nunca me desampararon estaban los guardias de seguridad del edificio en el que vivo y muchas personas que me encontraba en la calle.

En eso, México tiene una ventaja enorme: allí la gente es supremamente amable y colaboradora. Siempre hubo alguien dispuesto a darme su brazo, a ayudarme a subir, a tenerme a mis hijos. Fue una ventaja enorme. Ser consciente de esa dependencia de Andrés fue para mí una cachetada. "Nunca más", pensé. No vuelvo a depender de nada y de nadie. Se me volvió una obsesión no depender de nadie. Recordaba la vez que me tocó bañarme sola porque mi mamá se había ido al centro a comprar una artesanía, el día que me tocó bañar, vestir, alimentar a mi bebé, las veces que me sentí totalmente asustada y dependiente y cómo nunca más quería volver a sentirme así. Para lograrlo, decidí retar mis miedos: empezar a ir sola a las terapias que eran al otro lado de la ciudad, bajar sola a mis terapias en la piscina y moverme por varias partes en un Uber para ir perdiendo los miedos.

Otro trago amargo sucedió durante la visita de mi cuñada a México. Una tarde, en medio de una charla, le dije que era cuestión de tiempo para estar como antes. De repente, me mira como cuestionando mi afirmación y me dice: "Y si no lo logras, no pasa nada". Ese comentario fue como si me hubieran retado. ¿Cómo se le podía ocurrir a mi cuñada la posibilidad de que no fuera a regresar a la normalidad? Yo nunca había pensado en que existiera la posibilidad de no volver a estar como antes. Que mi cuñada abriera esa posibilidad fue como si me hubieran retado. Ese día decidí que esa opción no existía para mí. Que era una posibilidad que yo no aceptaba. Hoy le agradezco a Ana María haberme retado. No era su intención, pero abrió en mí la certeza de que no iba a permitir no estar como antes.

MÉXICO LINDO Y QUERIDO

Como ya lo he dicho, yo regresé a esta vida por mis hijos. Dejé un lugar donde todo es amor y calma, porque mis hijos me necesitan. Y acá estoy, en México, dando la batalla día a día por salir adelante y consciente de mi nueva realidad. A veces, pienso que México sí que me ha puesto a prueba. Desde diciembre de 2013, que nos radicamos con mi familia en Ciudad de México, mi amor por México aumentó, pero también me ha dado experiencias durísimas, como el huracán Odile en Los Cabos, el terremoto de 2017 en Ciudad de México y una experiencia fuerte en un viaje de Toluca a la capital. Pienso en cada uno de esos hechos fuertes que he vivido acá, y los constantes temblores que, para una persona que no está acostumbrada, pueden ser complicados, y entiendo que el famoso dicho "para ser mexicano tienes que demostrar que no te sabes rajar" ya lo demostré, ya soy mexicana. Siempre fue un país que me llamó la atención y admiré por su cultura, historia, legado, empuje y gastronomía. Pero, especialmente, por el infinito amor de los mexicanos por su país. Lo más lindo que tiene México es su gente.

Con Andrés, pasamos la luna de miel en Cancún, Playa del Carmen y la Ciudad de México, que en ese momento todavía se llamaba México D. F., y desde aquel diciembre de 2010 mi admiración por el país aumentó y corroboré eso que les digo de la gente. Si hay algo con lo que estaré agradecida toda mi vida, es con la amabilidad de los mexicanos. Me ha ido muy bien con la convivencia en el día a día. Llevo cinco años en mi proceso de recuperación, primero en silla de ruedas, luego con andador, ahora con bastón. Cada vez que salgo a la calle, hay alguien dispuesto a ayudar. En Bogotá no vi eso. Me pasó en una importante zona del norte de la ciudad. Estaba andando con mi caminador y si me hubiesen podido pasar por encima lo hubieran hecho sin problema. La agresividad es muy fuerte y la gente responde con tres puños en la mano. Estuve un rato haciendo una diligencia y en esa media hora nadie ofreció ayuda de nada. En la medida en que vivimos en Colombia, especialmente en Bogotá, es normal acostumbrarse a la antipatía de la gente, pero cuando uno está afuera, la antipatía de los bogotanos sale a flote y ofende. A veces pienso que el miedo con el que crecimos, por tanta violencia, nos hizo desconfiados y por eso somos antipáticos.

Cuando llegué a México, las expectativas que tenía fueron superadas en todo sentido. Sabía del tráfico, de la contaminación, pero realmente el impacto fue muy positivo. Lo primero fue darme cuenta de que la ciudad lleva veinte años trabajando a consciencia temas de contaminación y de cuidado del medio ambiente, el país está avanzando de forma correcta en ese sentido, hay políticas serias con resultados visibles.

Como ya lo mencioné, México me ha puesto en situaciones difíciles. A los pocos meses de haber llegado a vivir a México, me tocó el huracán Odile, que arrasó con una buena parte de Los Cabos y que me tocó vivir con Pedro Juan de un año y siete meses. El huracán nos agarró en Los Cabos. Nos avisaron 24 horas antes de la llegada inminente del huracán Odile para que tratáramos de salir de Los Cabos, pues esa noche, hacia las once, tocaría tierra el huracán. Recuerdo que buscamos vuelos para salir, y no fue posible. Nos tocó quedarnos en el hotel, en donde nos trataron muy bien. Nos dijeron que dejaríamos nuestras pertenencias en el baño de nuestro cuarto de hotel y nos fuéramos al teatro del hotel a resguardarnos. Nosotros alcanzamos a pasar por un mercadillo y comprar varios litros de leche; era obvio que mi gran preocupación era Pedro Juan. Por tener bebé, nos pusieron en lo que era el spa del hotel y ahí dormimos. Al día siguiente, estaban destruidas gran parte de las cosas, pero el hotel resistió bastante bien el impacto. Tenía comida suficiente para varios días. Aunque no faltaron los idiotas que decían que por qué no había más variedad de comida, la mayoría eran personas conscientes y agradecidas con el hotel. Tan pronto tuvimos chance, salimos de Los Cabos. Fue casi un milagro. Después de dos días en el hotel, sin comunicación con nadie, el hotel logró que un teléfono funcionara, y así pude avisarle a mi cuñado Mauricio que estábamos bien. Por fortuna, Mauricio contestó el teléfono, porque los demás a quienes llamamos no lo hicieron. Al día siguiente, llegaron camionetas a recoger personas, también algunos aviones del ejército para sacarlas de Los Cabos.

En ese momento, tener un bebé me ayudó, me montaron casi que de primera al bus. Al llegar al aeropuerto, la situación era espantosa: muchísimas personas haciendo fila bajo el sol, esperando para poder montarse en alguno de los aviones que salían. Cuando me preguntaron para dónde iba, le dije al policía que para cualquier lugar donde hubiera cupo. Me dijo que solo había espacio para Guadalajara, pero que no sabía si alcanzaba para mí, que me formara. A mi esposo no lo dejaron formarse conmigo, sino que tuvo que hacer la fila a pleno sol. En un momento dado, los ángeles, que toda la vida me han acompañado, pusieron al frente de mí a un señor de la aerolínea Inter Jet, quien dijo que los que tuviéramos pasaje con ellos íbamos a poder abordar. Yo quedé de primera en la fila, pero empecé a llamar a mi marido como una loca; sin él yo ni me iba a ir. Se atravesó por delante de los policías y logró llegar a donde yo estaba. Nos montaron al avión y llegamos a Guadalajara. Aún recuerdo el momento en el que una policía se subió al avión y nos dijo que ya íbamos para Guadalajara y ahí estaríamos a salvo. Me dio mucha felicidad.

Unos años después, México me llevó a vivir otra situación difícil, el terremoto de 2017, que, como ya dije, es una de las experiencias más fuertes que he vivido acá. Yo me encontraba en mi casa, tenía seis meses de embarazo y estaba esperando que Pedro Juan llegara del colegio. Hacia las 11 a. m., habíamos hecho la evacuación que se hace todos los años en Ciudad de México al conmemorarse los 32 años del terremoto de 1985. Me disponía a bajar a recoger a Pedro Juan, que llegaba del colegio, para comer juntos, como todos los días. Dejé fritando unos plátanos y de repente el apartamento se movió muy fuerte, más que en un temblor normal de 7.1 en la escala de Richter. Fue extraño sentir que el simulacro se había vuelto realidad. Cuando empezó a moverse fue impresionante. Primero se sintió hacia arriba y abajo y cuando paró se sintió el movimiento de un lado al otro. El primero daba la sensación de rebote. Cuando empezó a moverse hacia los lados, el segundo, fue impresionante. La señora que me ayudaba se puso muy nerviosa. La saqué a la salida de emergencia del *hall* de los apartamentos, pero necesitaba que alguien se quedara con ella porque estaba muy nerviosa. Bajé rapidísimo por mi hijo, y recuerdo que recibí la llamada de Andrés para saber cómo se encontraba. Le dije que se estaba cayendo alguna parte de la pintura de la salida de emergencia; vi pedazos de paredes en el suelo, escombros, grietas. Le dije que estaba corriendo bajando por Pedro Juan y ahí perdí la comunicación. Cuando llegué a la planta baja y logré salir a ver el lugar donde normalmente dejaban a mi hijo, me percaté de que no estaban pasando carros. Alcancé a imaginarme lo peor. Empecé a respirar muy rápido, tenía mucha angustia. En ese momento apareció un paramédico; su presencia era común, porque en los edificios en los que vivo todavía estaban en obra, y me dijo que tenía que tranquilizarme, porque iba a acelerar el parto y eso haría que me tuvieran que llevar al hospital. De solo pensar en que me condujeran al hospital y desconocer la suerte de Pedro Juan, me tranquilicé.

Al minuto y medio, llegó Pedro Juan y volví a respirar tranquila. Él no sabía lo que había pasado. No nos dejaron subir al apartamento, nos mantuvieron en un espacio afuera del edificio. A las 9:00 p. m. nos autorizaron subir al apartamento cuando lo revisaron y se dieron cuenta de que la estructura no representaba ningún peligro para sus habitantes. Fue una experiencia que puso a prueba muchas cosas, pero en especial me demostró lo bien preparado que están los mexicanos para afrontar este tipo de situaciones.

EL PÁNICO, PEOR QUE CUALQUIER DERRAME

Una de mis experiencias más difíciles en todo este proceso fueron los ataques de pánico. Yo siempre pensé que eso era mentira, que era pura falta de carácter, que no era posible que te entrara en medio de la nada y te paralizara. No sé bien cuándo o cómo empezaron; a veces creo que fue cuando me pusieron la férula en mi pierna izquierda y comencé a caerme con frecuencia. En una de esas caídas, me tropecé con la puerta y me rompí el labio del lado izquierdo, y también se quebró uno de mis dientes. Quedó un hueco de lado a lado. Sangré tanto y fue tan escandaloso que me dejó asustada. Creo que ese fue el día que decidí enviar la férula a la caneca y mis miedos hicieron su aparición en mi vida. Era un miedo justificado, pero no por esto menos molesto y paralizante. Empecé a experimentar esa horrible sensación de que la pierna derecha se empezaba como a dormir y perdía la fuerza. Me tocaba sostenerme de alguna parte y caminar agarrada o con la sensación de algo de lo que me pudiera agarrar, o me bloqueaba y era incapaz de continuar. Iba por todas partes agarrada de las paredes. Lo más simpático es que solo bastaba sentir que había algo o alguien de quien me podría agarrar a mi lado derecho, para que el pánico desapareciera y no se metiera conmigo. Tenía que ser el lado derecho, creo yo, porque ahí era donde no estaba mi bastón y, por lo mismo, me sentía más vulnerable.

Los ataques de pánico tenían momentos en que se incrementaban y otros en los que se mantenían bastante tranquilos. Para combatirlos y porque había oído de sus grandes resultados, me inscribí en un curso de un mes con el doctor Armando Solarte, un médico neurólogo colombiano que desarrolló la "técnica Solarte", basada en programación neurolingüística (PNL). El doctor Solarte desarrolló toda una técnica basada en el poder de la mente y del cerebro, y las órdenes que le das a este. Me pareció muy interesante ver cómo teníamos verdades aprendidas que nos hacían daño y cómo cambiarlas para recuperar el bienestar. El doctor me enseñó Ema, técnica que él denomina "Ángela", que consiste en hacer "brrrrrrrr" con los labios, con la cabeza mirando hacia el cielo. Esta técnica me ayudó mucho a controlar el miedo.

También entendí que controlar la respiración era el secreto para retomar el control de las diferentes situaciones; parte de lo que genera el pánico es que altera la entrada de oxígeno al cerebro, porque acelera la respiración y empiezas a inhalar poco y muy rápido. Para esto, aprendí una técnica que se conoce como "escalera talámica", en la que inhalas y sostienes la respiración y antes de exhalar, vuelves a inhalar, manteniendo la respiración. Se hace tres veces y se exhala. Estas técnicas me ayudaron mucho a controlar esos ataques de pánico que me agarraban desprevenida y me dejaban fuera de combate. Gracias a eso, pude volver a usar mi bastón, en lugar de una andadera. Sin embargo, un día que fui a medir el tiempo que me tardaba sacar a mis hijos de mi apartamento al bus del colegio, el espantoso monstruo del miedo volvió a hacerse presente en mi vida. Estaba sola y sentí que me fallaban las piernas, que los músculos perdían su fuerza y que me iba a caer. Empecé a gritar como una loca, pero nadie me escuchaba. Marqué desde mi celular a la administración de mi edificio y no me contestaron la llamada. Entré en pánico absoluto y sentí que no era capaz de caminar, y además no tenía de dónde agarrarme.

Fue horrible. Aunque no tenía un riesgo mayor a rasparme una rodilla, mi mente lo sentía como si fuera a caerme en un hueco sin fondo. Me sentí asustada, desprotegida, a la deriva y sin ayuda. En ese momento, a pesar de que para mí se sintió como si hubiera sido un año después, sonó mi teléfono. Era Diego, el chico de seguridad del edificio, que me estaba devolviendo la llamada. Solo atiné a decirle, entre llanto: "Diego, ayúdame, me voy a caer". Él se asomó y me vio, y vino corriendo en mi auxilio. Tan pronto llegó, sin siquiera haberme agarrado de la mano, mi respiración se tranquilizó. Él me preguntó si quería que me diera su mano para sostenerme al caminar hasta mi apartamento. Le dije que no era necesario, que mi ataque había cedido y que me bastaba con que él caminara a mi lado. Ahí entendí que todo era producto de mi mente y que, si yo podía tranquilizarme apenas por el condicionamiento que tenía mi cerebro de entrar en pánico al estar sin compañía a mi lado, yo tenía que poder cambiar la orden a mi cerebro.

Leí mucho sobre los ataques de pánico y las experiencias de varias personas controlándolos. Me encontré un video de un médico mexicano, el doctor Federico Baena, que hablaba de lo que fue su vida desde el momento en el que, a raíz de un medicamento que le dieron por una cirugía de nariz, experimentó su primer ataque de pánico. El doctor Baena decía que la forma en la que él lo sacó adelante fue enfrentando y retando al pánico. El empezó a retar al miedo: "Me quieres ahogar, dale, ahógame", y empezó a notar que en ese momento el ataque de pánico se desaparecía. Con esa idea en mente, bajé al mismo lugar donde el último ataque de pánico me había jugado una mala pasada y decidí enfrentar mi miedo. Empecé a caminar hacia el mismo lugar en el que recojo a mis hijos de la escuela. Bajé por el elevador de minusválidos, o personas con retos ejemplares por tener capacidades diferentes, como realmente deberían ser llamadas, y me estaba esperando Juan, una de las personas de seguridad del edificio, otro de mis ángeles. Me dijo que él me acompañaría, pero le pedí que no lo hiciera, ya que necesitaba retarme y retar mis miedos. Que se mantuviera cerca por si me agarraba de nuevo el ataque. Así lo hizo. A los tres minutos de estar caminando, fui consciente de que Juan no estaba a mi lado, y el pánico volvió a mí. Empecé a sentir que las piernas me fallaban, que me temblaban, que la fuerza me abandonaba. Empecé a respirar muy rápido y a hiperventilar. Por un segundo pensé en gritar, pero en ese instante recordé lo que había hecho el doctor Baena y decidí hablarle en voz alta a mis piernas: "A ver, túmbenme, ¿qué esperan? Son muy berraquitas para hacerme sufrir; cumplan su amenaza". Esas palabras actuaron como magia. Mis piernas recuperaron su estabilidad y dejaron de temblar. Así pude continuar mi camino. Hasta hoy me sigue sirviendo. El cerebro manda, y al cerebro lo mandas tú.

Esta gran convicción y mi comunicación constante con Dios me hicieron ver que era yo quien había causado las reacciones de pánico y era mi cerebro el que las manejaba. Entendí que dependía de mí recuperar el control, anular la orden que había recibido mi cerebro y volver a mi tranquilidad normal.

Un día tuve la necesidad de bajar a mis hijos al bus del colegio, pues mi esposo estaba de viaje. Me alisté y bajé. Había pasado muy mala noche por la angustia que me generaba enfrentarme, de nuevo, a caminar hasta el lugar en el que debía dejar a mis hijos. Ese día, cuando llegué al punto en el que empezaba mi caminata, pensé en enfocarme en mis hijos y caminar sin pensarlo. Juan me acompañó, como otras veces, pero esta vez le solicité que se hiciera en un lugar en donde yo no pudiera verlo. Caminé hasta el lugar en donde el bus recoge a mis hijos, esperé a que recogieran a mis hijos y me dispuse a caminar de regreso. Un vecino empezó a hablarme de varios temas y fuimos charlando hasta mi edificio. Cando volví a mi apartamento, me di cuenta de que, ni por un solo instante, había sentido miedo. Cuando me lo cuestioné a mí misma, la respuesta que recibí fue clara: "Tú creaste el miedo y tú decidiste sacarlo de tu vida. Lo pediste, y ya no está. Así de fuerte es tu poder; confía más en él". Esa información me llegaba como todas las que había recibido desde el primer día que regresé a este plano.

Repito, los ataques de pánico son lo más horrible que he experimentado en mi vida, y se los dice una persona que se está levantando de un derrame cerebral. Por favor, nunca le digas a alguien que sea valiente, que los ataques de pánico son falta de carácter o de fortaleza. No lo son. Son un enemigo al que no sabes cómo combatir, porque el ataque viene desde tu propia mente. Si no los has experimentado nunca, es una dicha no tener ese monstruo en tu vida; agradece, pero nunca juzgues a quien lo padece, porque no entiendes el monstruo tan espantoso al que se enfrenta.

Los ángeles del otro plano

En octubre de 2019, decidí dejar una marca de por vida en mi cuerpo de todo este proceso: un tatuaje. Recuerdo que cuando se lo planteé al médico fue un poco escéptico. Sin embargo, una vez me dio la autorización, no dudé en hacerlo. Tenía claro el mensaje y el lugar de mi cuerpo donde quedaría tatuado y por qué necesitaba dejar esa marca. Se volvió una obsesión entender por qué estaba en este proceso y para qué. Está en la parte baja de mi espalda, en la mitad, en el punto energético que está relacionado con caminar. Dice *Know God Knows*, que es un juego de palabras: "Sé que Dios sabe" y "conozco a Dios y Él lo sabe". Tiene un ave fénix que me recuerda todos los días que este proceso ha sido un renacer, están las iniciales del nombre de mis dos hijos PJM, mi razón de estar de regreso y al lado se ve la aureola, algo que es muy significativo en mi vida por la cercanía que he tenido con los ángeles. Ahí, en ese tatuaje, está resumido el motivo de mi regreso.

El tema de los ángeles en mi vida es muy importante y por eso hace parte de ese tatuaje. Yo sé que ellos han estado conmigo en este proceso. Desde hace muchos años, he tenido una cercanía significativa con ellos. Para mí, eran evidentes algunas cosas antes de que fueran palpables para el resto del mundo. Eso está totalmente potencializado después de lo que me pasó. Pero antes del derrame hablaba mucho con los ángeles y siempre tenía respuestas. Recuerdo que para mí era fácil obtener respuestas a preguntas puntales. Un día, hace muchos años, en casa de una amiga, conocí a Juliana Galvis y ella empezó a hablar de la persona con la que estaba saliendo. Decía que x tal cosa, x tal otra. En un momento dado, me vino una frase muy clara a la cabeza: "Tú estás saliendo con fulano de tal". Ella me preguntó que por qué lo sabía. No lo sé, pero me llegó ese nombre a la cabeza. De ahí en adelante, ella me decía que yo era medio bruja o que tenía cierta sensibilidad avanzada. Puede ser. Pero a mí me llegan datos de los ángeles desde hace años.

La gente es muy escéptica con ese tema y no se puede hablar de ello con todo el mundo. Por aquellos días, compartí con otra amiga el tema de los ángeles: Juliana Londoño. Juliana y yo nos conocíamos desde la universidad, pero, una vez graduadas y ya casadas ambas, coincidió que llegamos a vivir al mismo edificio. Todos los jueves nos tomábamos unos vinos en la casa de alguna de las dos y hablábamos de todo. Juliana tuvo una experiencia fuerte en su primer embarazo; le dio preeclampsia, estuvo muy enferma y casi se muere, entre el allá y el acá. Le recomendé un libro interesante sobre el tema: *De la mano de los ángeles*, de María Elvira Pombo. Sé que a Juliana le movió mucho el corazón y este libro la ayudó en ese proceso.

Desde siempre, como ya lo he dicho, he tenido conexión con el tema de ángeles. Muy poca gente sabe de ese tema. La única persona con quien hablaba del asunto antes de este libro era mi hermana Laura, porque ella tiene un sensibilidad igual o superior a la mía. Este es un tema que se debe manejar con mucho tacto, por eso valoro poder compartirlo con mi hermana. Insisto: no es un tema para todo el mundo. No voy a negar que al principio me daba susto recibir información, por ejemplo, relacionada con la muerte de alguien. Antes de que la persona muriera, me llegaba el dato. Al cabo de un par de días, esa persona moría y me daba duro, porque era corroborar que esta sensibilidad no es producto de mi imaginación. Entendí que esto sucedía para algo, no por algo.

Era un tema que manejaba con bajo perfil, justamente por el impacto que tiene en la gente este tipo de cuestiones del más allá o del otro plano; no falta la persona que cree que uno está loco. Porque antes de que me diera el derrame y tuviera mi encuentro con Dios y supiera lo que hoy sé, era como las demás personas: consideraba que la muerte era una mala noticia o algo triste y no comprendía que el tiempo no existe. Hoy, con esos temas tan claros en mi vida, sé que si percibo la muerte de una persona es por la facilidad que tengo de reconocer el amor de Dios en el proceso. El amor es el punto de llegada y se manifiesta de tantas maneras que no tiene sentido tratar de ubicarlo en un concepto como el tiempo. Eso hoy lo tengo clarísimo, pero entiendo que, de no haberlo vivido, jamás lo entendería en este plano.

Pero ha pasado algo interesante: desde que volví, la gente me oye. Antes no muchos lo hacían. Dios te va mandando las señales hasta que las entiendes y hasta que logras que a quienes necesitan que les llegue el mensaje lo reciban y lo entiendan. De alguna forma, esto que me está sucediendo es para algo. Dios me dijo varias veces antes en mi vida: "Por ahí no es", pero yo me empeñé y me empeñé en seguir por el mismo camino hasta que llegaron las consecuencias. Dios te muestra las señales, te da los elementos, pero tienes libre albedrío y un alma sedienta por aprender las lecciones que la vida puede ofrecerle. No tiene nada que ver con castigos, tiene que ver con un amor tan grande que Él sabe de lo que eres capaz y conoce las lecciones que tu alma está pidiendo; no te evita el aprendizaje, te acompaña en el proceso. Alguna vez leí que Dios no te evita las tormentas, solo te pasa un paraguas. Así lo vi y así lo entiendo hoy. Y lo hace, no porque no te ame, sino todo lo contrario, te ama tanto y confía tanto en tu proceso que no lo evita ni lo interrumpe.

LA NORMALIDAD

Gran parte de mi recuperación depende de mí, de la disposición, empeño, actitud y ganas que le meta al asunto. Pero las cosas no suceden bien sin un trabajo adecuado en equipo. A la primera que debes tener como gran aliada es a tu mente. Si tu mente se enfoca en que sí puede, en tener buena actitud, buen ánimo y ganas de trabajar, los milagros empiezan a ocurrir. Si, por el contrario, te enfocas en todo lo que cambió en tu vida y te rehúsas a aceptar el cambio, no hay mucho que puedas lograr. Salir adelante depende de ti y entender que el proceso puede demorarse un día o diez años, y que tu cuerpo tiene su velocidad y su proceso, y amarlo así es lo que te va a cambiar la historia.

Mi recuperación sigue, no para. En este momento, mientras escribo estas líneas, pienso en el paso del tiempo, en los avances rápidos y mejorías inesperadas, así como en los momentos de estancamiento, depresión, angustia y cuestionamiento. Mi mente necesitaba vivirlos, pero decidí que no iba a permitirme dudar de que lo lograría y disfrutar el día a día. Y la verdad es que me siento plena y feliz con los avances y logros diarios, porque esto es un tema del día a día, no se puede estimar en un plazo. Para mí no existe la opción de no hacer los ejercicios, porque mi recuperación depende de eso; se trata de caminar o no, y no hay que permitirle al cerebro que se acostumbre. Una cosa de la que uno no es consciente es de todas las funciones que realiza el cuerpo ordenado por el cerebro. Todo lo hacemos tan mecánico que solo cuando no podemos realizar algo entendemos todo lo que tiene que hacer nuestro cuerpo por nosotros a diario.

Cuando inicias un proceso como estos, muchas personas opinan y te aconsejan sobre cómo proceder. Hay mil opciones y mil conceptos diferentes, por eso es necesario entender que lo que está en juego es tu vida y que, por lo tanto, tienes que apersonarte y dejarte asesorar por los mejores, pero asumiendo tú la responsabilidad de salir adelante. Recuerdo que mi tío, quien había sufrido un accidente cerebro vascular (ACV) unos años antes, fue manejado en su recuperación por un sistema de robótica llamada Mobility, que permitía recordarle al cerebro su normalidad al caminar. Es un sistema en el que te suben en un robot que te sostiene mientras caminas. Te impide hacer los movimientos que no son correctos. Es decir, no te deja caminar mal para que lo que tu cerebro recuerde sea lo adecuado. Una de mis primas me habló de esta terapia y averiguamos que en México también existe este servicio. Se llama Cerebro. Me hablaron varias veces de los grandes resultados que habían obtenido personas conocidas en Colombia en casos de derrames cerebrales, quienes recuperaron la movilidad de piernas y brazos. Este tratamiento me llamó mucho la atención.

Mi único problema serio en este momento es mi pierna, pero, al igual que el resto de mi cuerpo, lo logrará. Es cuestión de tiempo y disciplina. También la visión sigue comprometida.

En cuanto a escribir, al principio no podía hacer ni mi firma, me quedaba chueca. Fueron muchas horas de hacer planas y el trabajo permanente con el computador los que marcaron la diferencia.

Fue un alivio para mí ver que mis dedos marcaban las letras que yo necesitaba cuando yo escribía en el computador, porque eso me facilitó muchísimo retomar la escritura.

Temí mucho que se pudiera afectar el manejo de mi capacidad intelectual con problemas en la memoria. Fue un alivio darme cuenta de que no solo no se había afectado, sino que mi vivencia y los retos que me había impuesto la vida habían incrementado mi raciocinio lógico y la empatía.

A mí, el mayor atributo que me ha permitido salir adelante es el carácter. Mi carácter fuerte ha sido mi gran aliado. Hoy me sigue costando bastante entender la falta de carácter de algunas personas y me inquieta saber cómo se afrontan los grandes retos de la vida cuando una persona no lo tiene. Me impactó mucho, por ejemplo, que quien fue mi jefe en la Hacienda La Gloria no volvió a contestarme el teléfono, por más que me insistieron en que contara con ellos, que me recuperara y que cuando sintiera que estaba lista para volver los llamara. Y así fue, los llamé al cabo de un par de meses cuando me sentí segura de que podía responder con mis funciones como asesora del departamento jurídico. Pero no me volvieron a contestar el teléfono. Esta persona no tuvo el carácter para decirme que ya no necesitaban mi trabajo. A esa falta de carácter es a la que me refiero. No niego que eso me dolió en su momento. Duele que personas que tanto admiré me hayan dado la espalda de esa manera. Parte de esta recuperación ha sido darme cuenta con quién cuento y con quién no, quién ha sido sincero conmigo y quién fue cercano por interés.

Una de las cosas que me pasó y de la cual solo hasta hace poco fui consciente y entendí es que cuando volví empecé a reírme mucho; me di cuenta de que había perdido durante años esa capacidad y cuando indagué qué había hecho que se me quitaran esas ganas de reír, encontré que había sido porque comencé a vivir en función de lo que la gente esperaba de mí. Cuando los demás esperan que uno reaccione de cierta forma, uno siente una presión innecesaria por complacer. Pero realmente ahora me importa muy poco o nada lo que los demás piensen de mí. Fui exitosa como abogada, trabajé en grandes empresas, como Citi Bank y Hacienda La Gloria, especialmente en esta última, donde trabajé como gerente del departamento jurídico y tuve que librar muchas batallas legales.

Nunca dudé de mi temperamento y casta como abogada egresada de la Pontificia Universidad Javeriana de Bogotá. Gané con argumentos retos durísimos. Siempre he dado esas peleas con argumentos sólidos y fuertes. porque mi posición, en muchos casos, era incuestionable e innegociable. Hay amigos cercanos que me han confesado que, por mi terquedad, decidían no discutir conmigo. Era pelea perdida. Hoy valoro esa terquedad en mi carácter, pues es la que no me ha dejado rendirme y la que ha hecho que yo camine de nuevo. Aunque mi terquedad y mi convicción de tener todas las veces la razón cambiaron. Nunca imaginé que sería de una manera tan dolorosa.

Uno de los aspectos más marcados de mi personalidad era que yo siempre creía tener la razón y mis discusiones eran fuertes No me costaba entrar en ellas; si tenía argumentos, los defendía a muerte. Hoy no lo hago. Hay batallas que ya no doy, hay peleas que no enfrento porque no van a cambiar mi forma de ver la vida y no me interesa cambiar la forma de ver la vida de la gente. Nadie va a cambiar lo que yo vi y experimenté. Todo el mundo tiene verdades, pero las absolutas no existen, existen vivencias, y por eso, conceptos que hace un tiempo ni pensabas la vida te los convierte en certezas, en verdades, y aquellos que formaban tu mundo de repente se convierten en ideas falsas o incompletas.

Hoy no me interesa tener la razón, especialmente porque estoy segura de que no existe una verdad absoluta. Cada persona está viviendo su propio proceso, con sus propios miedos creados, con los cuales no nació, pero los que le han alimentado diferentes personas y con los que tiene que lidiar a lo largo de su paso por este plano para lograr aprender lo que vino a aprender. Hoy poco hablo de mis verdades y poco comento mis vivencias. Hoy doy mi concepto sobre temas puntuales, siempre y cuando mi opinión le aporte algo a alguien y le permita estar más tranquila y ser más feliz. De resto, me limito a escuchar lo que me dicen de las diferentes experiencias y vivencias, me quedo con lo que me aporta y desecho lo que no hace nada productivo por mi vida, pero no entro en discusiones. No le he preguntado a la gente, pero quien me conoce sabe que mi estructura intelectual sigue siendo igual que antes. Sin embargo, con todo este proceso, hay aspectos que han cambiado en mi vida y que hoy los veo de una nueva manera.

Como dije, en este momento no me importa no tener la razón. Hoy me interesan más la paz y la tranquilidad. Mi hijo mayor es igual; mis peleas con Pedro Juan son eternas y él siempre quiere tener la razón. Ahí la vida me está mostrando un aprendizaje, un aspecto que debemos trabajar como madre e hijo. Pienso que la vida es un constante aprendizaje, con amigos, con familiares y con empleadores. Si algo veo hoy con claridad es que a este plano venimos a aprender algo que nosotros mismos decidimos antes de encarnarnos. Por eso no existen las desgracias, existen las oportunidades de desarrollar diferentes vivencias que nos enseñen a poner el amor como la única fuerza de vida real y así poder, finalmente, acceder a Dios. No hay cosas buenas ni cosas malas, solo hechos que suceden para que el aprendizaje del paso por la vida se perfeccione. Sí, me he llevado grandes decepciones en estos cinco años del proceso de recuperación. me he dado cuenta de que personas que decían ser mis amigos no lo eran, que lo único que les interesaba era el chisme. Quienes quedan en este momento son personas leales y que siempre estarán a mi lado, pero cada una de las que ha pasado por mi vida ha sido parte de alguna lección necesaria o parte del amor. En ambos casos, situaciones indispensables para acceder a Dios, por lo que con todos ellos estoy profundamente agradecida.

Lo que sí me sorprendió bastante cuando salí del hospital fue darme cuenta de que muchas personas, incluso en mi familia, hablaban de mi enfermedad y de mi vida como si les perteneciera. Opinaban sobre todo, y eso, la verdad, me molestaba mucho. Nunca entendí por qué alguien muy cercano de mi familia les contó a muchas personas sobre mi derrame. Incluso a personas que no eran sus amigas y a quienes a duras penas conocía. Su argumento era que buscaba que esas personas oraran por mí y por mi recuperación. Recuerdo que les dije que el Dios que yo conocí, el Dios en el que yo creo, no necesita del chisme para hacer un favor. Me dio rabia su argumento, incluso que metieran a Dios en el problema. Hablaban de mi vida como si fuera la de ellos, opinaban de todo; era muy incómodo. Creo que tus creencias te permiten hacer con tu vida lo que se te antoje, pero no con la vida de los demás.

Es muy loco cómo a la gente le interesa tener más información sobre los otros o compartir la de su propia vida para ser el protagonista del último chisme. Quien habla conmigo puede tener la certeza de que por mí no va a conocer sus palabras. A veces, a algunas personas cercanas les cuesta mucho entender mi forma de pensarlo y de vivir, pero no van a cambiarme, así que ya, en su mayoría, lo han aceptado. Me ha pasado que hablo con alguien y me pregunta si he hablado con una persona específica. Cuando le respondo que sí, me pregunta qué me ha contado esa persona y cuando le digo que no me corresponde a mí dar esa información se molesta conmigo. Me dicen que es que quieren saber de esa persona, y mi respuesta siempre es la misma: si quieres saber de esa persona, llámala. Esa es mi forma hoy y no la voy a modificar, porque tengo motivos fuertes y contundentes para vivir de esta manera.

Prefiero que la gente se entere de mi proceso de recuperación por mí. Si alguien quiere saber algo al respecto, que me lo consulte directamente. En un momento dado, hubo una cadena de chismes y teléfono roto sobre mi enfermedad que me dejaron aturdida. Me dolió que gente muy cercana, que una amiga muy cercana, se haya encargado de regar el tema de mi enfermedad entre personas que no tienen nada que ver conmigo. Por eso y otros motivos, decidí abrir una cuenta en Instagram el 22 de noviembre de 2018, llamada "Echándole ganas", para que la gente pueda conocer de primera mano mis avances y mi proceso de recuperación, para no darle cabida a la especulación y al chisme. También lo hice para que la gente que no puede hacerse las terapias por temas de dinero lo usen como una guía, como un referente, porque no hay derecho a que una persona que no sepa cómo fortalecer un músculo o no tenga los recursos para pagar las terapias, no vuelva a caminar. Pasa y es muy frecuente ver esos casos, y estoy convencida de que nadie debería perder la oportunidad de recuperar su movilidad por falta de recursos.

En todo este proceso, el secreto está en un dicho: "La constancia vence lo que la dicha no alcanza". Que nunca se les olvide que mientras uno no deje de intentar, no ha perdido la oportunidad. Mi recuperación es un proceso de más de cinco años, pero, si se fijan en los videos en mi cuenta de Instagram, mi brazo izquierdo era el doble del tamaño del derecho, lo mismo pasa con la pierna, que poco a poco se ha ido nivelando. Todo eso es fruto del trabajo y del ejercicio constante. Hoy reviso esa cuenta de Instagram y me sorprende mi recuperación y el poder de las palabras. Hay un video del día de mi cumpleaños, al poco tiempo de haber salido del ABC, en el que las secuelas del derrame son palpables. Me cuesta un poco articular algunas palabras y tengo todavía la mirada perdida, pero en el video recalco lo bien que voy a salir de esto, lo bien que llevo este proceso y lo bien que me encuentro en este momento.

SI SALTAS, VIVES

En varias ocasiones, en el otro plano, me encontré con Jesús, un ser hermoso que se ha ganado, según mi experiencia, el placer de servir a Dios, como el dalái lama, Mahoma y tantos otros seres de luz. Como escribí, Él me dijo que dependía de mí devolverme y regresar a este plano, lo que conocemos como "la vida", y le dije que necesitaba volver bien, que no podía ser un problema para mi marido ni para mis hijos. El mensaje que recibí fue que eso no dependía de mí, pero que Dios me lo había concedido. Y acá es donde las palabras "saltar pa' dentro", a las que hice referencia al inicio del libro, tienen sentido. Es una línea de una canción de Melendi con Carlos Vives que se llama "El arrepentido". No entiendo por qué me llegaron esa melodía y esas palabras a la memoria, pero lo que dice esa canción es exactamente el proceso que he vivido desde que volví. Voy a tratar de explicarlo con la canción de fondo.

Hay un tema recurrente en la forma como las personas afrontan su paso por la vida y es estar pensando en qué les deparará el futuro. Es como si todos viviéramos en función del futuro a través de preguntas que no tienen respuesta anticipada. ¿Me casaré y tendré hijos? ¿Conoceré lugares que siempre he soñado? ¿Tendré salud y estabilidad económica? ¿Qué me deparará la vida en diez, o doce o quince años? ¿Habrá paz en el mundo? No podemos vivir la vida en función de un futuro relativo e incierto, porque mi vivencia en el otro plano me enseñó que el tiempo es presente y es circular. O, para decirlo en otras palabras: el tiempo no existe como lo imaginamos. El que vive en el futuro, el que no vive el hoy, estará condenado a vivir atormentado. Y ni hablar del que vive en el pasado, incapaz de dejar fluir la vida, aferrado al rencor. Hoy tengo claro que debes desechar lo que no te sirve, dejarlo ir, sacarlo de tu vida. Perdonar por tu propia tranquilidad espiritual y seguir adelante. Esa costumbre que tenemos de usar la ira y el dolor como un presente permanente nos frena, nos daña, nos impide continuar. Veo tanta gente aferrada a su rabia, a su odio, a cobrarle al mundo la injusticia que no lo deja vivir tranquilo, que pierde la oportunidad de disfrutar de cosas importantes en la vida, como si le diera miedo vivir sin rabia, como si ya no supiera cómo.

Esa creencia tonta de que el mundo nos debe algo es simplemente un obstáculo en el camino a la felicidad. A uno el mundo no le debe nada, la vida no le debe nada, la gente no le debe nada. Todo lo que nos sucede son vivencias, experiencias, aprendizajes. Yo podría acostarme a quejarme de la vida, de mi suerte, de Dios, porque a mí me mandó un derrame cerebral y a muchas otras personas, no. Podría hacer mi vida miserable y hacérsela miserable a los demás, llorando todos los días y peleando con la vida tratando de entender por qué me pasó a mí, pero esto no me aportaría nada y solo empeoraría mi situación.

Si quieres entender por qué te pasan las cosas a ti, la respuesta es sencilla: porque tu alma las necesita para crecer, para fortalecerse, para aprender, para acercarse más a Dios y porque, aunque hoy no lo entiendas o no lo recuerdes, tú las pediste. Hoy para mí es claro: la intención que tienen las personas al tomar decisiones rara vez coincide con la idea que esa persona tiene del dolor que las consecuencias de la decisión le causan. El mundo no está en tu contra, la gente no vive por ti, ni para bien ni para mal. Deja de creerte tan importante y te ahorrarás muchos dolores innecesarios. Cada persona está viviendo su vida, su proceso y su verdad de la mejor manera posible. Todos están aplicando las lecciones aprendidas y aprendiendo las nuevas. Nadie diferente a ti mismo es responsable de tu felicidad. Entiende eso y suelta las cosas. Enfócate en el hoy, que es lo único cierto que tienes. Es curioso, pero la mayoría de los seres humanos siempre estamos pensando en el mañana y no en el ahora; yo también lo hice, pero ya aprendí.

Los seres humanos tenemos la costumbre o nacemos con el chip de querer ponerlo todo en una línea recta. Tenemos el ayer, el hoy y el mañana, todo recto para entenderlo. Pero pese a que nos han mostrado que la vida es redonda, el mundo, el universo, seguimos insistiendo en lo lineal. Puedo decir con certeza que el tiempo es circular, como el mundo y el universo. La necesidad del ser humano de ponerlo todo en línea recta nace de su necesidad racional para entenderlo. Todo sucede al mismo tiempo, la diferencia está en el momento en que lo captas. El 99.9 % de las personas que lean este libro van a decir que estoy loca. Y no, no lo estoy. No sé si les ha pasado, y pongo un ejemplo: entender que la Tierra es redonda. Nos cuestionamos cuando no tenemos una imagen que lo corrobore y pensamos que cómo puede ser posible que sea redonda; si yo estoy acá, no podría caminar derecho. El mismo ejemplo sucede con un avión que pasa por encima de ti; si observas con atención, lo vez recto. El tiempo no existe, es como la Tierra, es un círculo donde todo ocurre al mismo tiempo.

Todos pensamos en el mañana, pero no pensamos en la posibilidad de que ese mañana no esté, que no exista. Lo damos por sentando y la vida no funciona así. Por eso, cuando la melodía de la canción de Melendi y Carlos Vives llegó a mi memoria, decidí leerla con lupa, porque veo un mensaje profundo que vale la pena compartir y tener en cuenta. La frase que hace referencia a "si saltas, vives", de alguna manera, describe lo que yo sentí, experimenté o viví cuando pedí permiso para volver a este plano. Y la respuesta fue la que me dio Jesús sentado con sus brazos sobre sus piernas y vestido de azul: "Depende de ti". Entonces, fíjense lo interesante de lo textual, literal y profundo de ese mensaje: "Si saltas, vives". Eso quiere decir que depende de ti devolverte. Pero, por otro lado, "hay que saltar pa' dentro", como dice la siguiente estrofa. Esa fue mi inspiración, si salto, salto "pa' dentro", no salto para afuera.

Si me tomé el trabajo de volver a este mundo, no es para hacerme la vida imposible, ni a mí ni a nadie, ni para causarle problemas a todo el mundo, ni para ser un problema o una carga para mi familia. Esa fue mi decisión, entonces voy a saltar, voy a saltar hacia a este plano.

Luego dice: "Y no hay parada de metro que nos lleve a ese lugar". Esa frase es como si la hubieran escrito para mí. Explico: devolverme es sin retorno, entonces es una decisión, la tomé, la asumo y voy con toda. Esto no tiene retorno, enfrento una nueva realidad. Es como cuando naces, tú lo decides y una vez tomas esa decisión ya no hay retorno. Sabía que mi cuerpo tenía algunos problemas, pero mis hijos me necesitan. Así que no hay retorno. En la medida en que más analizo y leo la letra de esta canción, me impresiona el mensaje profundo que trae. No sé si los seguidores de Carlos Vives y Melendi hayan tomado en cuenta la letra menuda de este mensaje. Muy directa.

Después dice: "Donde los miedos se confunden con la vida y no queda otra salida que volvernos a encontrar con el presente". Para mí es la narración exacta de lo que me pasó en el instante que decidí volver. Al otro lado no hay miedo; volver acá es volver a ese punto donde el miedo se confunde con la vida. Es cuando aprendes a entender que en este plano hay dolor, por eso sientes miedo y eso es lo que consideras vida. Sin embargo, mi experiencia es que la vida real es la otra, la del otro lado. Parece complicado de entender, pero tiene sentido cuando se analiza con pinzas.

La canción sigue con máximas que cada vez que las leo me impresionan: "Tu cuerpo mediante la mente. La fuente que mueve hasta lo que no ves, porque crees que es inerte". Eso sí que me toca, porque, como ya lo dije, pero deseo recalcarlo, cada vivencia es un aprendizaje que el alma pide a gritos, aunque nuestra consciencia en este plano lo ve como algo indeseable y siempre buscamos un culpable, pero no hay culpables, es lo que tienes que vivir, es tu vida y es tu responsabilidad, hay que dejar de buscar culpables. Y la fuerza, la voluntad y el poder de la mente serán determinantes para sacar esta situación adelante.

La canción aborda un tema que sí que lo he aprendido en este proceso y es cuando hace referencia a "ese que va por la vida, con la razón siempre, y no sabe que no existe eso que defiende". Esto parece escrito por Dios, literalmente. Es la verdad de la vida: nadie tiene la razón, siempre ni nunca. Es decir, eso que se defiende a muerte no existe. Nada de lo que defiendes a muerte existe en el otro plano. Nada, ni religiones ni política ni jugadores ni equipos de fútbol, porque como dice la canción al final: "Hay que despertar y hay que mirar pa' dentro".

Es lo que llevo haciendo desde el día que abrí los ojos y vi a mi mamá y a Andrés junto a esa cama del Hospital ABC, mientras ellos esperaban recibir una señal alentadora de mi parte. El despertar ha sido duro, lleno de aprendizajes y retos, pero me ha dado la fuerza para vivir la vida hoy, ahora y sin miedos. Hoy entiendo que, por convicciones claras de vida que tengo, cometí errores, todo el tiempo, sí, muchas veces, pero eso me hizo lo que soy y me ha dado la fuerza que tengo hoy. Me ha brindado el aprendizaje que he adquirido. No me arrepiento de nada en mi vida, ni por un instante, y todo lo que estoy viviendo es un agradecimiento enorme; lo que he aprendido en estos cinco años no lo había aprendido en toda mi vida. Lo que importa es lo que puedo ver con más claridad en este momento: mi familia, mis hijos, mi capacidad de reinventarme, y eso explica por qué me gusta la canción. Ya mirando su contexto, está hablando de un arrepentido que no se da cuenta de lo que tiene y vive esperando un mañana que de pronto no pase. Yo soy la anti-arrepentida.

MORIR

MORIR

Life is like riding a bicycle:
to keep your balance
you must keep moving.
Albert Einstein

RECUERDOS DE MI ANTES

¿Qué fue exactamente lo que me pasó? Hasta ahora, he comentado que tuve un derrame cerebral, que permanecí en coma inducido durante algo más de tres semanas, que el 31 de diciembre de 2017 estuve a punto de morirme y que, tras treinta y cinco días de estar recluida en el Hospital ABC de Ciudad de México, regresé a mi casa el 30 de enero de 2018, con serios problemas de movilidad en mi lado derecho del cuerpo, especialmente en la pierna, con complicaciones cognitivas, con un hijo recién nacido y con la necesidad de salir adelante a toda costa.

Esta parte de la historia se remonta a abril de 2017, cuando me enteré de que estaba embarazada de Juan Miguel. Fue una ilusión muy grande para Andrés, para Pedro Juan y para mí. Estábamos felices de darle un hermano, ya que llevábamos varios meses buscándolo sin mucho éxito y tras haber perdido un bebé unos meses antes.

El embarazo transcurrió sin complicaciones, dedicada de lleno a mis obligaciones en mi trabajo y al ejercicio; también a comer bien, a mantenerme sana y saludable. Así llegó diciembre, con la temprana visita de mis papás el día 3 para acompañarme en todo el proceso de la cesárea, pues por haber tenido a Pedro Juan de esta manera, también Juan Miguel debía nacer así. Pedro Juan venía enredado en el cordón umbilical, lo que hacía que cada vez que intentaba nacer, su ritmo cardiaco se alterara y su vida corriera peligro, por lo que el médico optó por no seguir con el parto natural.

La presencia de mis papás en esas últimas semanas de mi tercer embarazo fue realmente valiosa por su compañía y porque me ayudaron mucho con el cuidado y atención de Pedro Juan. Andrés mantuvo su rutina de viajes y a veces las obligaciones de la casa se hacían más dispendiosas y complicadas por el embarazo. La normalidad de la visita de mis papás se vio alterada con un susto que nos dio mi papá por cuenta de una dramática subida de su ten-sión arterial por la altura de Ciudad de México. Mi papá vive en Barranquilla, una ciudad de Colombia a nivel del mar, y la Ciudad de México se encuentra a dos mil trescientos metros. Lo llevamos a un hospital muy cercano a mi casa, donde le dieron los mejores cuidados y lo estabilizaron. Sin embargo, nos alcanzamos a asustar.

Teníamos una fecha estimada para el parto de Juan Miguel, que se la compartimos a toda mi familia: el 14 o 15 de diciembre. Sabía que mi hermana Catalina había planificado sus vacaciones de fin de año con su familia en París y no estaba segura de si ella podría acompañarme en el nacimiento de mi segundo hijo. Tampoco sabía si Laura podía venir. Las tres hemos disfrutado mucho ser tías. Amo a mis sobrinos y, en la medida de las posibilidades, he estado presente en sus primeros días de vida en este mundo; por eso me hacía ilusión ver a Catalina y a Laura, pero en esa fase del embarazo no sabía si sería posible. Supe después que Catalina quería sorprenderme y que mi marido le avisó el 13, cuando tenía listo el viaje de Chicago a México, que el nacimiento de Juan Miguel estaba demorado unos días. El caso es que Catalina llegó de sorpresa, creo que el 14, y fue muy lindo compartir con ella, con Daniel, mi sobrino, y con mis papás ese fin de semana. Salimos a comer a restaurantes, fuimos de paseo por zonas turísticas de Ciudad de México, museos, parques, entre otros planes.

El recuerdo más claro que tengo es del viernes antes de dar a luz. Yo empecé con contracciones, y el sábado ya eran fuertes. Las sentía mucho, llamé a la ginecóloga y me dijo que tenía que verme. Eso fue tipo 11 a. m. Me revisaron y Juan Miguel todavía estaba sin intención de nacer; nació a los dos días, es decir, el 19 de diciembre. Ese recuerdo de ir donde mi médica es nítido. Estar en la clínica, la cesárea de Juan Miguel, la asignación del cuarto, cuando me dijeron que venían por mí para llevarme a la sala de cirugía y entrar a la sala también lo tengo claro. El anestesiólogo me preguntó qué música quería oír y me puso algo de Luis Miguel; todo eso lo recuerdo. Escribo esto porque más adelante la memoria será un tema.

Otro recuerdo preciso es que para tener a Juan Miguel me pusieron epidural; para Pedro Juan me habían puesto raquídea. La diferencia es que con la raquídea te bloquean y no sientes nada; con epidural no sientes dolor, pero sí sientes cuando nace el bebé; no duele, pero sientes. Tengo presente la diferencia. Otro recuerdo que es claro para mí es que en el hospital te dicen que descanses una vez das a luz, pero yo quería ver al bebé; las enfermeras, mientras tanto, se encargaban de todo, aunque yo no quería eso, yo quería que me trajeran a Juan Miguel, necesitaba verlo. Finalmente, estuvo todo el tiempo conmigo, salvo para exámenes médicos. Yo no lo dejé tener en sala cuna. Recuerdo que cuando me dieron de alta, fue rápido, me dijeron que yo podía irme, pero no Juan Miguel. Entonces me tocó esperar a que llegaran todos los resultados de los exámenes que le hicieron y salimos de la clínica el 23 de diciembre, como a las 4:00 p. m. Estaba feliz, porque añoraba pasar Navidad en casa con mi familia. Es muy particular que en este hospital te dejan la epidural puesta mientras estás internada; es una especie de alambre pegado a la columna vertebral. Con la raquídea no sucede eso; fue una sensación rara, porque tuve un chuzo pegado a mi columna hasta el momento en que me fui. No lo volvería a permitir si tengo otro hijo, que, honestamente, espero de todo corazón que no suceda, por mi edad, por mi experiencia y porque nunca he querido más de dos hijos.

Otro tema que recuerdo del hospital donde tuve a Juan Miguel fue que me hicieron una cena, se llevaron al bebé para disfrutarla tranquila antes de volver a casa; es una tradición muy bonita del hospital, muy acuerdo de la amabilidad y cordialidad de la gente. En este punto de la historia, empiezo a tener problemas con mi memoria y más adelante profundizaré en ello, pero debo decir que recuerdo que salí del hospital el 23 de diciembre en horas de la tarde con Juan Miguel en mis brazos. Si me preguntan cómo salí del hospital, cómo iba vestida, cómo me subí al carro y quién iba conmigo, no lo recuerdo. Tampoco tengo presente qué hice ese día en la casa previo a Navidad. No tengo ni idea. No tengo recuerdos de allí en adelante, que es lo que realmente me impresiona de la enfermedad que me dio. Si me preguntan cuántas veces se despertó Juan Miguel esa noche, no lo recuerdo y, por lo general, eso es algo que uno tiene muy presente con un recién nacido.

Llegó la Navidad, un momento de unión familiar, y tampoco tengo cla-ro cómo fue ese día. Andrés me contó que hicieron galletas con Pedro Juan para Santa Claus y mi papá cocinó una paella con la ayuda de mi mamá. Me dijo que fue un día normal, muy familiar, con la rutina de los preparativos para la Nochebuena y los cuidados del bebé. También me dijo que no hubo nada anormal en mi comportamiento o estado anímico. Que dormí en la tarde, normal para una persona que cinco días atrás había dado a luz. No recuerdo nada de la cena navideña, pero me cuenta mi mamá que la pasamos muy bien, que hablamos de todo un poco, que incluso ese día estuve muy animada y conversadora. Entregamos los regalos más temprano de lo normal y me fui a dormir con el bebé. Mis papás y Andrés se quedaron un rato haciendo visita y pasamos otra Navidad hermosa en familia. A la mañana siguiente, me desperté muy temprano para lactar a Juan Miguel. Me dice Andrés que desde las 8:00 de la mañana me quejé de un fuerte dolor de cabeza. No me pareció extraño, supongo, por varios motivos: primero, porque acababa de dar a luz; es normal tener dolores de cabeza en las primeras semanas después de un parto y porque las hormonas se enloquecen. Tampoco me alarmé, ya que he sufrido de migrañas y fuertes dolores de cabeza, que pude controlar de la mano de mi bioenergético en Colombia, pero que ya habían hecho su dolorosa aparición durante el primer mes de nacido de mi hijo mayor. Sin embargo, en ese momento y como estaba en proceso de lactancia no debía tomar medicamentos. La mañana transcurrió con normalidad, con Juan Miguel y con mis papás; Pedro Juan empezó a disfrutar sus regalos y Andrés se encargó de algunas labores del hogar. Tomé paracetamol por indicación de la ginecóloga y me ayudó a mitigar un poco el dolor de cabeza. Quienes sufren de migraña severa saben lo que es un dolor de cabeza. Por lo mucho que me quejé, intuyo que este dolor superó lo acostumbrado. El tema es que, como tengo el umbral del dolor alto, no leí a tiempo las señales de alarma. Almorzamos lo que quedó de la noche anterior y me dijo Andrés que después me recosté un rato, porque el dolor había regresado con más intensidad.

Quiero corroborar los hechos:

—Andrés, yo no recuerdo nada de ese día, especialmente de la tarde —le digo en tono algo preocupada.

—Te recostaste, porque te estabas quejando de un dolor mucho más in-tenso que el de la mañana. Yo llamé a mi papá; la verdad, ya estaba preocupado, porque no bajaba el dolor; al contrario, era más fuerte y más intenso. Mi papá me dijo que te diera Neosaldina, pero que dejaras de lactar.

— ¿Tomé Neosaldina? No recuerdo nada de eso.

—Sí, te dimos diez gotas de Neosaldina y al cabo de una hora me dijis-te que te había bajado el dolor. Eso nos dio cierta tranquilidad. De hecho, después de que tomaste las gotas charlaste un rato con tus papás, te veías un poco más animada.

—¿Yo estaba preocupada o diferente?

—Yo te vi normal, un poco incómoda por el dolor. Recuerda que cuando nació Pedro Juan también te dieron dolores de cabeza y creo que la Neosaldina te tranquilizó. Sin embargo, estábamos muy atentos a tu evolución. Te pusiste el pijama y dijiste que querías dormir. Eran como las 8:00 p. m. largas. Yo me fui a la sala a charlar con tus papás. Pedro Juan y Juan Miguel ya estaban dormidos.

—No recuerdo nada de esto. Intento, pero no puedo traer esas imágenes a mi memoria.

—A las 9:00 p. m. fui al cuarto a ver cómo seguías y estabas llorando desconsolada. Casi gritando del dolor. Te dije que te vistieras, porque decidimos ir al hospital. En esas entró tu papá y dijo que él venía con nosotros. En un momento, me dijiste: "Mi amor, no me puedo poner los tenis" y te desmayaste. Te alcanzamos a agarrar con Gabriel y te recostamos en la cama. Empezaste a respirar muy fuerte, acelerada.

Valga decir que desde ese instante y hasta el 17 de enero de 2018 yo no estuve en este plano; es decir, no desperté hasta ese día.

Me dice Andrés que llamaron a la ambulancia y que se demoró 45 minutos en llegar al edificio. La verdad es que no es fácil llegar a esa zona si no se está acostumbrado. Me dijeron que desde la ventana del apartamento trataban de darle indicaciones al conductor de la ambulancia, que estaba perdido. Una vez entraron los paramédicos al apartamento, me examinaron, preguntaron qué había tomado para el dolor de cabeza y pronosticaron que estaba sufriendo una fuerte intoxicación por los medicamentos que había tomado para el dolor. Intentaron contactar a mi ginecóloga, pero estaba fuera de Ciudad de México pasando las fiestas navideñas. Andrés todo el tiempo habló con Francisco y él le insistía en que debíamos hablar con la ginecóloga, porque intuía que el tema estaba relacionado con el posparto. Mi papá me acompañó en la parte de atrás de la ambulancia y Andrés se fue adelante. Iban hacia un hospital y en la mitad del camino Andrés le dijo al conductor que manejara en dirección hacia el ABC, que era el hospital en el que había nacido Juan Miguel. Lo conocíamos, mi marido sabía que es una buena institución y allí conocían mi proceso, hacia allá nos dirigimos. Voy inconsciente, a punto de emprender un viaje, con la respiración acelerada, luchando y sin saber que los médicos luchan por mi vida. Mi papá me agarra la mano y me dice que todo va a estar bien, que vamos camino al hospital. Obviamente yo no recuerdo nada, pues mientras eso ocurría en este plano, yo tenía otra vivencia en el otro plano.

—¿Qué pasó cuando llegamos al ABC? —le pregunto a Andrés.

—Te bajaron de la ambulancia y mientras te llevaban a la sala de emergencias la doctora que te recibió te cortó la ropa. Me dijo que te iban a hacer un electro mientras los paramédicos daban su reporte. Tu papá estaba todo el tiempo con nosotros y nos dirigieron a una sala de espera. Llamé a mi papá y lo puse al tanto.

—¿Los paramédicos insistían en la intoxicación?

—Sí, ellos dieron el reporte inicial, pero por lo fuerte de tu respiración y como estabas inconsciente pensaron que podía ser algo más complicado. De hecho, la médica que te recibió dio la instrucción de ponerte un respirador artificial, porque por la manera en la que respirabas creía que podrías entrar en paro respiratorio en cualquier momento. Como a las 11:30 p. m., fueron hasta la sala de espera para preguntarnos si conocíamos a un neurocirujano. Encontraron un hematoma en el lado izquierdo del cerebro y te tenían que operar urgente. Yo les dije que no, que llamaran al médico que ellos consideraran, que no perdieran tiempo y le di el nombre de la ginecóloga asistente que estuvo en el parto. Ahí me llamó mi papá a decirme que acababa de conseguir un vuelo y que estarían en unas cuantas horas en México.

Mi papá no se despegaba del teléfono. Llamó a Catalina, que estaba en París, pero no le contestó. Laura se enteró por su marido y empezó a preparar viaje a México. Pasaban las horas y esperaban al neurocirujano. Entiendo que lanzaron el código ictus y lo respondió el doctor Alfonso Arellano. Apareció en la madrugada y me contaron que entré a cirugía a las 4:00 a. m. Andrés vio el coágulo en la tomografía, pero no entendió nada; es una imagen en blanco y negro.

El médico le dijo que me tenían que quitar la tapa del cráneo, limpiar el coágulo y, dependiendo de la evolución o si había inflamación, me la ponían de nuevo. Le dijeron que sería una cirugía de tres a cuatro horas y le advirtieron que en estos casos quedaban secuelas en el habla, la vista o el movimiento de ciertas partes del cuerpo. No se atrevían a pronosticar algo adicional o una complicación más grave en mi esencia. Es decir, en cualquier caso, la situación era muy grave.

—A las 10:30 a. m. me llamó el anestesiólogo y me dijo que todo había salido bien, que todo perfecto, que ibas evolucionando bien, que te estaban cerrando el cráneo y que te llevarían a cuidados intensivos —me cuenta mi marido.

—¿Y así sucedió? —le pregunto.

—No, y eso nos preocupó. Te vimos entrar a cuidados intensivos a las 4:00 p. m. Eso quiere decir que estuviste en cirugía casi doce horas. Nos dijeron que estabas sedada.

—¿Mis hermanas estaban al tanto? ¿Qué pasó con tu papá?

—Mauricio, el esposo de Catalina, vio las llamadas de la madrugada, creo que porque tu mamá lo llamó y él siempre le contesta el teléfono. Eran como las 3:00 a. m. en París, y le avisó a Catalina. Ellos inmediatamente buscaron vuelo para viajar de París a México. Llegaron el 27 o 28 desde Madrid. Jonathan le avisó a Laura, porque ella tampoco oyó el teléfono cuando la llamó tu mamá a avisarle que te estaban operando. Mis papás llegaron a México al mediodía del 26 y cuando salió el neurocirujano a dar el primer reporte, mi papá se puso al tanto de toda la situación.

Andrés es una persona muy tranquila, toma las cosas como vienen y evita caer en pronósticos o profecías. Vive el día a día, con la información que le van dando. Así manejó todo el proceso de mi recuperación de la cirugía. Un paso a la vez. Me cuenta que hizo muy buena relación con el neurocirujano asistente que le trató de dar las explicaciones más acertadas y concretas sobre mi estado de salud. Mi papá sí se estresaba mucho y se mantenía muy interesado en que le contaran qué estaba pasando a cada momento. Al final era su hija la que estaba en riesgo de muerte y ni un suegro ni un esposo sentían el sentimiento de él al ver en riesgo de muerte a una hija. Francisco fue un poco más insistente y detallado en la medida que entendía mejor las cuestiones médicas y veía el proceso desde otra perspectiva.

Dos días después de la cirugía, en el momento en el que iban a empezar a despertarme, aparecieron algunas complicaciones: se tapó un catéter y se dieron cuenta de que había una vasoconstricción, esta vez en el lado derecho del cerebro, que fue lo que causó la hemorragia en el lado izquierdo del cerebro. Esto preocupó a los médicos e hicieron una junta médica para decidir cómo tratar la vasoconstricción y evitar que se presentara un nuevo derrame. Decidieron que no me iban a despertar y me dejaron en coma inducido. Necesitaban poder inyectar un medicamento llamado nifedipina, que disminuye la presión arterial y relaja los vasos sanguíneos con el fin de evitar un nuevo derrame cerebral. La decisión que tomó el doctor Alegría, mi neurólogo, con el equipo de médicos, fue inyectar el medicamento directamente en el cerebro, algo muy poco común y muy pocas veces realizado. Para eso me metían un catéter desde la pierna hasta el cerebro y ponían el medicamento directamente en el cerebro. Esto lo intentaron varias veces y, en principio, no estaba funcionando. Los vasos sanguíneos seguían contraídos. Con la llegada de mi hermana mayor, sus hijos y su esposo, se completó mi familia en México. Todos se quedaron en mi casa. Me dice Andrés que en esos primeros días hablaban de hemorragia, coágulo, pero nunca usaron la palabra "derrame".

—¿Estabas tranquilo esos primeros días posteriores a la cirugía? —le pregunto a mi marido.

—Yo te veía dormida, tranquila, en paz. Los días eran muy similares. Todo el tiempo me pedían autorizaciones para determinados procedimientos. Yo les decía que sí a todo, que hicieran cuanto fuera necesario para que estuvieras bien. Tu papá y mi papá todo el tiempo estuvieron muy pendientes, se la pasaban en el hospital.

—¿Y mi mamá y mis hermanas?

—Ellas también venían a verte, aunque tu mamá pasó más tiempo en la casa cuidando a Pedro Juan y a Juan Miguel. Yo me desentendí de la casa. Recuerdo que el primer día, apenas llegué del hospital, le dije a Pedro Juan: "Mamá está enferma, está en el hospital y no la vamos a ver en un buen tiempo".

—¿Qué dijo mi mamá cuando hablaste con Pedro Juan?

—Ella se sorprendió, me abrió los ojos como cuestionando por qué le decía eso al niño, pero tú sabes cómo soy y ante todo la verdad. Las cosas se deben decir. A mí me preocupaba mucho Pedro Juan, aunque estaba en bue-nas manos con tu mamá y mi mamá, que también ayudó mucho.

Monsanto, la empresa en la que trabajaba mi esposo, se portó muy bien con él. Lo apoyó en todo el proceso. Le dijeron que atendiera el tiempo que fuera necesario mi recuperación, que seguiría contratado y devengando su sueldo como si estuviera trabajando con normalidad. No fueron días fáciles para Andrés y admiro toda su fortaleza y la actitud con la que manejó la situación. No solo era estar pendiente de mi proceso en el hospital y tomar decisiones por mí; también tenía que estar pendiente de trece personas que vivían en mi casa, en especial, de Pedro Juan y Juan Miguel.

Pasaron cuatro días y mi estado siguió siendo reservado. No hubo mejorías, pero tampoco empeoré.

EL 31 DE DICIEMBRE, DÍA EN QUE INICIÉ MI CAMBIO DE PLANO

Lo primero que supe es que había dejado atrás el cuerpo. Lo tuve claro desde el primer momento en que me desprendí, porque el pedazo de mí era mi verdadero yo. Desde el momento en el que me desmayé en mi casa, mi sensación fue como la de haber despertado. Como si ese espantoso dolor que sentía hubiera sido un mal sueño y al fin hubiera despertado. Fui consciente de que había cambiado la realidad, pero en mi vivencia haber tenido dolor de cabeza no era real. Los 41 años que había vivido en este plano eran los que parecían una película y estaba feliz de estar volviendo a mi hogar, el real.

Tuve dos vivencias diferentes. El primer pedazo era la ausencia del dolor. Supongo que por estar inconsciente. En ese punto de inconsciencia tuve la vivencia de estar ahí, sin dolor, percibiendo lo que percibía en ese momento y sin relación directa con mi cuerpo, pues no sentía en este nada de lo que estaba pasando, ni cuando me taladraron el cráneo para limpiarme la sangre en el cerebro. En esta vivencia tuve experiencias extrañas, llenas de incoherencias, de risas y bailes extraños, pero en ningún momento sentí algo malo o incómodo, solo ajeno a la realidad y sin mucho sentido. Dentro de lo que experimenté fue encontrarme con un señor que reconocí en su momento, era un actor mexicano que todavía vive. Me regañaba todo el tiempo. No entendía por qué lo hacía, pero cuando intenté preguntarle a una señora que estaba al frente mío por qué me regañaban, ella simplemente se puso a bailar. Todo era surrealista, sin sentido y bello.

El cambio de plano fue diferente. Tengo muy viva esa imagen. Me rodean seres que me inspiran paz y voy volando porque no tengo nada físico, avanzo hacia un lugar donde hay mucha luz, me dirijo hacia esa luz intensa todo el tiempo. A medida que voy acercándome a su brillo, todo lo que experimento es hermoso. No existe el miedo, no existen el frío ni la angustia. Si alguna vez sentí amor, es eso que estoy viviendo en ese momento, es todo lo bueno potencializado un millón de veces. No tengo palabras para explicar lo que siento en ese viaje *de regreso a casa*. Atrás quedaron el dolor y todo lo que me dificultó el paso por la vida. Yo voy a encontrar la luz, literalmente. En el proceso, veo de nuevo instantes de mi vida en los que algo me produjo angustia o miedo, y los miro como una espectadora. Ya no siento angustia ni miedo. Veo la situación desde afuera, entiendo qué fue lo que me produjo y lo libero.

Un ejemplo de esto es que cuando yo era chiquita —tendría unos tres años— iba con mi hermana mayor para la piscina en un hotel cerca a la represa de Prado, en Colombia. Algo llamó mi atención y me distraje. Caí en la piscina y no reaccioné para tratar de salvarme. Me dejé hundir y vi cómo pasaban las losas de la piscina. Me estaba ahogando. En ese instante, mi hermana Catalina se lanzó a la piscina y me salvó. Yo ni siquiera atiné a soltar lo que tenía en las manos para salvarme. Volví a ver esta experiencia, pero como espectadora, ya sin miedo. Entendí que de ahí venía mi poco amor por las piscinas y cualquier lugar en donde me pudiera ahogar.

Como esa, tuve varias vivencias de momentos difíciles de mi vida y pude así dejar atrás muchos miedos. Me fui limpiando el alma en cada instante. Una vez toda mi vida en este plano fue revivida, pero sin miedo, ya supe que era tiempo de cambiar de plano, de volver a mi casa. De hecho, yo ya iba a dar el último paso: morirme, soltar de forma definitiva el cuerpo físico de este plano. ¿Hasta cuándo? Hasta que mi alma estuviera lista para mi siguiente aprendizaje y para encarnarse de nuevo. Es decir, que mi cuerpo físico iba a ser "expulsado". Pero algo pasó que me detuvo.

En ese preciso momento, me acuerdo de mis hijos, recuerdo que los dos están muy chiquitos y que a esa edad la mamá es vital. Voy caminando hacia la luz, hacia el frente y me detengo. Hago lo que, creo, muy poca gente hace cuando está en ese trance: me detengo y miro hacia atrás. Solo un amor infinito te llevaría a mirar hacia atrás en esta circunstancia. Atrás es el otro plano, lo que otros llaman la vida, lo que estoy a punto de dejar. Debo tomar la de-cisión más grande de mi vida, eso es el libre albedrío, esa es la mejor explicación posible de lo que significa. Viendo a mis hijos, decido que no voy al paraíso, por ahora, y regreso a la Tierra. Veo por segunda vez a Jesús, y le digo: "Ayúdame, necesito devolverme, mis hijos me necesitan". Él me dice: "De-pende de ti, es tu libre albedrío, tú decides".

Ahí entendí que esa era una decisión que dependía de mí, que Jesús no tiene nada que ver en eso. También caigo en la cuenta y digo: "Yo sé que mi cuerpo está deteriorado y que no está en el estado original. Yo necesito volver, pero no para ser un problema para mi familia, sino una oportunidad para ellos. Pero si yo voy a ser un problema, le digo, no me dejes volver. Mis hijos aprenderán a vivir sin mí y saldrán adelante. No quiero ser una carga en sus vidas". Lo que percibo es que Jesús me hace sentir que eso no depende de mí. Volver era mi decisión, pero volver bien, no; esto era una concesión que solo Dios puede hacer.

En ese momento, Jesús me dice: "Cuenta con eso, Dios te lo concedió". En mi vivencia, en ese instante, me despierto. Es decir, para mí fue un tema automático, cuando en realidad mi despertar fue el 17 de enero, 17 días después de estar dando el paso al otro plano. Y cuando despierto y puedo medir de nuevo el tiempo, estoy con el tema de los exámenes con los que buscaban analizar todo lo que estaba afectado en mi cuerpo, que debían quitarme de a poco y el estado de cada órgano para saber qué se había afectado con el derrame. Este es el punto de la historia en la que le digo al médico Arellano, quien se alegra de verme despierta: "Yo voy a estar bien, tengo la certeza de eso".

EL TEMA MÉDICO

En julio de 2019 viajé a Colombia y tuve la oportunidad de hablar con mi suegro, Francisco Revollo, de todo el proceso que viví desde el 25 de diciembre de 2017 hasta el día que me dieron de alta en el ABC. Él me dio todas las explicaciones necesarias para entender qué me pasó y sus posibles causas y consecuencias. Ese primer viaje significó enfrentar con información científica, médica y plena una nueva realidad de la mano de unos avances que se fueron haciendo cada vez menores. Para las cosas de vida o muerte, tu cerebro reacciona muy rápido, pero para llegar a los pequeños detalles es necesario reeducarlo y recordarle que tú mandas, que él tiene que llegar hasta donde tú le pidas. Depende de ti qué le pides. Lo primero que me dijo mi suegro fue que una vez Andrés le dijo que íbamos de camino al hospital intuía que algo grave estaba pasando, porque no era normal que estuviera inconsciente. Fue una conversación enriquecedora que me dio una nueva perspectiva sobre mi condición y el proceso de recuperación.

—¿Qué fue lo primero que te dijeron de mi condición el día 26? —le pregunté a mi suegro.

113

—Cuando llegué al ABC, vi las radiografías y la tomografía, y debo decirte que había una hemorragia grande en múltiples focos del cerebro, espe-cialmente porque había compromisos a partir de las manchas y las repercusiones que eso puede tener. Por eso la percepción inicial, al hablar con el neuro-cirujano, era que el pronóstico era incierto, era difícil decir en ese momento qué iba a pasar con tu salud; si podías mejorar o no, si volvías a sangrar o no. Incluso no sabíamos si sobrevivirías y en qué condiciones quedarías. Ese era el cuadro el 26 o 27 de diciembre. El pronóstico era reservado.

—Es decir, ¿a dos días de la primera cirugía no había signos de mejoría?

—Mira, Ana: de 24 horas a 48 horas después de la cirugía la situación seguía muy crítica, ya que no había una respuesta positiva de tu parte; no habías empeorado, pero no habías mejorado. Tocaba esperar esas 72 horas, que son clave en este proceso, a ver si dabas visos de recuperación, lo que sería positivo y nos daría alguna luz, de lo contrario podía llevarnos a determinar una muerte cerebral.

—¿Eso qué implicaba?

—Una muerte cerebral significaba que debían los médicos y el responsable, que en este caso habría sido Andrés, tomar decisiones complicadas. Estamos hablando de quitarte las ayudas como el respirador y esperar a que te sobreviniera la muerte. Creo que tus papás y Andrés no alcanzaron a captar la dimensión de la gravedad del problema, y yo fui muy reservado al respecto; los médicos manejamos y vivimos la información de otra manera. Pero en la conversación que tuve con el neurocirujano, 24 horas después de la intervención y con signos muy pequeños de una recuperación de la situación, el panorama no era el mejor. El problema era el diagnóstico inicial, que es fundamental porque cuando uno sabe qué causó el problema sabe cómo afrontarlo, pero en ese momento no teníamos mucha información sobre las causas del derrame. De hecho, al día de hoy, no hay certeza sobre la causa.

Me contó mi suegro que transcurridas las 72 horas hicieron nuevas tomografías y nuevos TAC, y se dieron cuenta de que aparecía un espasmo en las arterias cerebrales. Un problema complicado que tocaba solucionar ya. El riesgo era claro: mi cerebro iba para un nuevo derrame cerebral si no lo controlaban de inmediato. Esta es una fase fundamental en todo mi proceso porque es el momento en el que, como ya escribí, los médicos deciden intentar hacer el primero de varios cateterismos con la autorización de mi marido; es decir: poner, a través de una arteria, una guía que llegaba a los vasos cerebra-les para irrigarle al cerebro el medicamento, a la parte más afectada del derrame.

—¿Por qué era importante el cateterismo? —le consulto a mi suegro.

—Porque los médicos querían romper el vasoespasmo y eso fue justamente lo que se hizo. Había que esperar, y el nuevo cateterismo les iba a mostrar si había una respuesta o no. Y fuiste respondiendo, gracias a Dios, no inicialmente, fueron varios cateterismos para obtener el resultado, fuiste mejorando poco a poco; decidieron hacer uno cada 48 horas en aras de ponerte ese medicamento para mejorar la constricción de las arterias.

—¿No era arriesgado?

—Siempre había un riesgo, no es el manejo estándar de esta situación. Se salía de los parámetros hacer cateterismos cada dos días, porque conlleva riesgos, pero fueron las condiciones y tu estado de salud lo que llevó a los médicos a tomar esa decisión. Además, porque se estaban enfrentando a un problema del que no tenían muchas luces, todavía no sabían la causa del problema o realmente qué era lo que te estaba pasando.

Me contó Francisco que el riesgo de muerte cerebral pasó después de las 72 horas cuando empecé a mostrar signos de mejoría notables. Me explicó que mi situación era el equivalente a estar en una balanza que estaba inclinada hacia la muerte. Sin embargo, en la medida en que hubo recuperación, la balanza se fue moviendo hacia el otro lado, al de la vida, y fueron aumentando las posibilidades de mejoría, hasta que los médicos lograron un equilibrio en mi condición. Los cateterismos jugaron un papel crucial en ese proceso, en el de llevar la balanza hacia un lado positivo. Ese procedimiento fue determinante para que la contracción de las arterias, que tienen un calibre o un grosor, se aliviara y así el flujo de sangre ayudara a llevarle más oxígeno al cerebro, clave en el proceso de desinflamación del área afectada por el derrame.

—Un medicamento por vía intravenosa ayudaba a mejorar ese vasoespasmo y funcionó; no es la tendencia, era algo novedoso, y la verdad los mé-dicos estaban esperanzados de que eso pudiera funcionar. No tenían estadísticas para decir que eso funcionaba. No son muchas las personas en el mundo que han sufrido esta enfermedad, es decir, un vasoespasmo producido después de un parto —me recordó con especial énfasis mi suegro.

En este punto, aparecieron varias preguntas, porque lo que intuía era que los médicos se estaban enfrentando a un caso del que desconocían sus causas, un caso escaso en el mundo, con muy poca información.

—¿Exactamente qué me dio? —pregunté con insistencia.

—Angiopatía cerebral posparto, que básicamente es un daño en las arterias. Una enfermedad rara. No saben si es congénita, no

116

tiene explicación, ni si es heredada, pero tampoco podían asegurar que estos factores no hubieran tenido algo que ver en el derrame. Solo es claro que se salió la sangre de su cauce. Como salió sangre, hablamos de hemorragia. Es simplemente el manejo del término. Genéricamente, se usa derrame o hemorragia cerebral. Angiopatía posparto es una entidad muy rara de origen desconocido; se pensaba que no tiene nada que ver con temas genéticos y, por lo que sabemos, hay muy pocos casos registrados en el mundo.

"En el tiempo que estuviste en el hospital pasaste por un coma inducido para combatir el edema y se esperaba que empezaran a revertirlo a las 72 horas, pero no se pudo; neumonía, septicemia, diarrea —que en tu caso era una muy mala señal—, falla multisistémica, salida de catéter de tu cerebro que evitaba la hidrocefalia, hipertensión arterial y amenaza de nuevo derrame, bacterias complicadas, una guerra entre la septicemia y el vasoespasmo. Llegó un momento en el que sabíamos que había que rendirse, que había que dejar de intentarlo. Tú entraste en falla multisistémica y sepsis al mismo tiempo. La posibilidad de que no salieras era del noventa por ciento.

Me contó mi suegro que entre el 30 y el 31 de diciembre la situación fue muy crítica. Fue el día que sentí que me desprendí de mi cuerpo. Me dijo que mi papá estaba algo inquieto y les hizo muchas preguntas a los médicos para tratar de entender mi situación médica. A él se le estaba muriendo su hija, no su nuera, y aunque la frialdad de los médicos lo lastimaba, necesitaba conocer la verdad de mi situación. La dimensión de la crisis depende de la perspectiva de cada persona. No es lo mismo la angustia de un marido o un hijo, a la de los padres o los hermanos, o la angustia que maneja un suegro o un amigo. Para cada uno, el dolor es diferente, la angustia es distinta, el miedo también y lo que le cambia la vida ante la eventual muerte de la persona es muy distinto. La angustia era general, porque todo el mundo entendía que la situación era crítica.

Lo cierto es que el 31 de diciembre la situación era muy crítica. Era el momento en el que debían decidir si continuaban peleando contra la muerte o se entregaban a ella. No creo que Andrés estuviera muy consciente de lo inminente que se veía la muerte en ese momento. Y sé que la fecha no lo habría hecho nunca tomar esa decisión, especialmente por mis hijos. Por ley, era Andrés quien debía tomar la decisión. No era una situación fácil para ninguno, cuando uno se pone en los pantalones de cada uno. Eso produjo varias discusiones y malestares entre quienes estaban allí.

Yo no sabía las complicaciones que los médicos veían en mi salud, pero tengo claro lo que estaba ocurriendo: yo ya había aprendido lo que escogí venir a aprender en esta vida en este plano, por lo que mi cuerpo se preparaba para abandonar mi alma. Lo que, independientemente de la gran habilidad de los médicos, se habría consumado si yo no tomo la decisión de devolverme a este plano a estar con mis hijos.

MEJORÍA

De repente, presenté una mejoría inesperada. Los cateterismos dieron resultado.

Mi recuperación fue increíble, pero en medio de ese proceso aparecieron nuevas complicaciones. Había que vivir el día a día, cada día veían cómo pasaba todo, había pequeños logros importantes que daban señales de una re-cuperación importante.

La infectóloga dijo que había adquirido una bacteria grave, porque podía entrar en un *shock* séptico, es decir, se podía perder todo lo que se había ganado con los cateterismos. El *shock* séptico puede ser causado por cualquier tipo de bacteria o virus. Las toxinas liberadas por bacterias u hongos pueden causar daño tisular. Esto puede llevar a que se presente presión arterial baja y un funcionamiento deficiente de ciertos órganos. Es decir, era una situación de alto riesgo. Y luego apareció el hematólogo porque tenía que saber si me iban a anticoagular, porque eso podía generar un trombo. Entonces apareció otro problema. Todo esto generaba tensión, dudas, mucha incertidumbre.

Lo siguiente que me dio fue neumonía y salí muy rápido de ese problema. Creían que me iba a demorar un poco más en cuidados intensivos. Sin embargo, y sorprendentemente, me recuperé otra vez de forma inesperada y milagrosa. Los médicos calculaban que estaría ocho días más intubada, mientras me recuperaba de la infección en los pulmones, pero a los tres días ya estaba bien, sin el tubo en mi garganta.

Esto para los médicos, tan dados a entender la vida desde la ciencia, no tenía mucho sentido. Con lo que ellos no contaban era con que yo venía con el visto bueno de Dios para lograr una recuperación milagrosa.

Los más optimistas, médicos y no médicos, calculaban que me tocaría estar en la clínica al menos hasta marzo, nunca esperaron que el 30 de enero yo estuviera de regreso en mi casa.

No me malinterpreten, valoro profundamente el manejo del equipo médico. Sin ellos, mi evolución no se habría dado como se dio, pero volver era algo que no dependía de ellos y la rapidez de mi evolución estuvo marcada por la gran inteligencia de los médicos para poner mi cuerpo a funcionar de nuevo. Mi punto es que esas grandes ideas se las estaban dictando desde el cielo, desde el momento mismo en el que se me concedió el don de volver en buen estado físico. Desde antes de que ellos lo supieran, y volvemos al tema de que el tiempo no existe, ya estaban designados: un neurocirujano maravilloso, un neurólogo espectacular, un equipo multidisciplinario caído del cielo y Dios jugando en mi equipo. Para todo este equipo médico, no tengo sino admiración profunda y un agradecimiento eterno.

Soy consciente de que mi recuperación y el poco tiempo que estuve en el Hospital ABC son un milagro. Sé que estuve en las mejores manos y entiendo que lo que me dio es algo desconocido en el mundo de la medicina, y que todavía se estudian sus causas y consecuencias. La verdad es que estuve dedicada de lleno a sacar adelante los temas más complicados en la parte cognitiva y de movilidad de mi pierna derecha. Todo se limitó a la información que recibía en el día a día de mi recuperación en el hospital. Parte de mi tranquilidad frente al conocimiento de las causas del derrame era estar consciente, todo el tiempo, de la certeza de que las cosas saldrían bien. Tal vez eso me llevó a abandonar los medicamentos de manera tan rápida y a salir adelante sin preocuparme de qué había causado mi derrame: la certeza absoluta de que el derrame era la forma de cambiar de plano y que había renunciado a este fantástico cambio por amor profundo, por eso no temía que se me complicara la salud de nuevo o me mantuviera a punto de medicinas. La certeza de que iba a estar bien fue la información que recibí en mi paso por el otro plano. No sé cuándo sea mi regreso allí, pero sé que va a ser fantástico y en el momento perfecto.

CADA PERSONA ES UN MUNDO Y UNA HISTORIA

En este punto trato de entender y comprender cómo vivieron este proceso tanto mi marido, como mis hermanas y mis papás. Me cuenta mi hermana Catalina, que es una persona muy sensible a quien le afectan mucho estas situaciones, que ella estaba muy angustiada, muy nerviosa, dormía mal: me dijo que mi mamá estaba un poco más tranquila y mi papá muy tenso, haciendo muchas preguntas y tratando de entender toda la situación por la que estaba pasando. Catalina se quejaba de que los médicos eran muy fríos, que la información que les daban era muy especializada y que todo el tiempo mi suegro les explicaba los términos de la forma más aterrizada posible. "No he visto a una persona con una tranquilidad de alma como la de Andrés, Andrés no dejó de ir ni un solo día al hospital. Siempre se le veía firme, fuerte, determinado y viviendo el día a día con la mayor serenidad posible. Llegaba una hora antes de que abrieran los turnos para visitas y prefería esperar en el hospital a estar angustiado en la casa. Un acto de amor en todo el sentido de la palabra. Recuerdo que nos contó que la vigilante del área de cuidados intensivos le decía que no llegara tan temprano, que igual lo dejaría pasar cuando fuera la hora autorizada. "Nos turnábamos para visitarte, te veíamos con tu cuerpo conectado y tu alma desconectada, te veías dormida", recuerda mi hermana Catalina.

Lo que más me llama la atención es que si le preguntas a Andrés, él nunca pensó que yo estuviera en riesgo de morir. Siempre pensó que el riesgo eran las consecuencias físicas que me pudieran quedar y mi actitud ante ellas, pero jamás pensó en que existiera la posibilidad de que yo me muriera. Le pregunté a varios médicos si de pronto yo habría entendido mal los informes médicos, y médicamente nunca me vieron en riesgo de muerte. La respuesta fue contundente: estuviste en riesgo de muerte de más del noventa por ciento. Lo que me han dicho es que puede ser que él estuviera en estado de negación o que la jerga médica no le ayudara a dimensionar el esperado resultado.

Mi papá, que ha sido una persona muy sensible, se angustiaba mucho con los diferentes partes médicos y no quería ni pensar en las posibilidades. Prefería dar por imposible lo que ya se veía venir y seguirse pegando a Dios todos los días.

Mi mamá es una persona con una personalidad bastante positiva. Siempre confía en que todo va a estar bien y, en este caso específico, ella dice que uno de los días en los que le rezaba a Dios, frente a un cuadro de Jesús que pintó mi abuelo, sintió que le respondieron que yo iba a estar bien, que no se angustiara, y esto le permitió vivir el proceso con gran tranquilidad.

Mi hermana Laura es una persona muy pragmática que vivió desde el principio el evento pensando en cómo era la mejor forma de ayudar. Ella y yo tenemos una gran conexión espiritual y vemos y sentimos cosas que no son tan evidentes para todo el mundo. Ella me dijo que me hablaba y me decía que estuviera tranquila, que todo estaba bien. Lo que ella no sabe es que yo sentía esa tranquilidad que ella me proyectaba.

Según entiendo, mi suegro tenía el pragmatismo de los médicos, lo que muchas veces no era muy valorado por aquellos a quienes no se les ocurría ni pensar en la posibilidad de mi muerte. Mi suegra no iba mucho a la clínica, ella y mi mamá se encargaban de mis hijos, pero entiendo que rezaba mucho, ella es muy creyente en la Iglesia católica.

Sé que aquellos que más hicieron evidente su preocupación y su angustia fueron mi papá y Catalina. Los dos son de personalidades similares: son sensibles, se angustian por los que quieren, y eso los hace vulnerables a estas situaciones. Ellos no solo tenían en riesgo a su hija y a su hermana, sino que su personalidad los hace muy sensibles.

Me habría encantado evitarles esa angustia.

LA MUERTE

Tememos a la muerte, desde muy chiquitos, porque así nos educaron y sabemos que ocurrirá algún día, pero casi que se considera una grosería mencionársela a quien, debido a alguna enfermedad, la tiene casi que cantada. Como si fuera mala, como si fuera evitable, como si fuera de pésima educación mencionarle a alguien que la muerte es su siguiente paso, nos atrevemos a pensar, con una ingenuidad absurda, que la otra persona está destinada a morir primero que nosotros y sentimos lástima por ella. ¡Qué equivocados e ignorantes hemos crecido! Esa consciencia de la vida que tengo ahora, la tranquilidad con la que duermo, la ausencia absoluta de miedo a la muerte y la certeza de aquello en lo que creo me permite dormir y vivir tranquila, no juzgar a nadie, no comentar a nadie lo que los demás me confían y saber que cada persona es un mundo y está tratando de hacerlo de la mejor manera, dentro de lo que cree y lo que ha recibido. Si mi dificultad para caminar, si cada caída, si cada moretón, si cada frustración es el precio que debía pagar por la tranquilidad que tiene mi alma hoy, ese precio vale la pena.

Antes de encarnarte, tu alma decide qué lecciones vas a aprender en esta venida y, una vez vives esos aprendizajes, no tiene sentido continuar en este plano y regresas al origen. La otra razón que lleva a tu alma a volver a casa es porque debe replantear su propósito y sus lecciones aprendidas en este plano, pues lo que viniste a aprender te desvió de camino y es necesario volver a revisar lo que tu alma requiere. Hay veces que solo vienes como maestro para otras almas y otras, vienes a cumplir las dos funciones, estas últimas son la gran mayoría.

Nuestra condición humana nos lleva a querer entender a Dios con la lógica humana, con el concepto del premio o el castigo, pero el Dios que yo conocí no es humano y, por lo mismo, no maneja la lógica nuestra de manipulación. Ahí entendí de verdad en qué consiste su grandeza y entendí lo sencilla y completa que es la afirmación de que Dios es amor; que nos ama profundamente, que no tiene hijos favoritos ni privilegiados, que su nombre ha sido utilizado por las diferentes religiones para manipular, pero que la respuesta siempre ha estado ahí: Dios es amor.

Eso, sumado a mi convicción plena hoy de que estamos en este plano porque tenemos que aprender y que volveremos cuantas veces sea necesario para aprender todo aquello que nuestra alma requiere para acceder a Dios, es lo que hace que la muerte no sea para mí nunca una mala noticia.

La muerte es un tema difícil de abordar, que nadie quiere tocar y que la gran mayoría de las personas quisiera evitar. Tras mi accidente cerebrovascular (ACV), yo no pensaba mucho en la muerte ni hablaba del tema, porque causa controversia y dudas.

Siempre oí que uno no se alegraba de la muerte de nadie, como si morir fuera algo malo. A los cementerios la gente va de luto y es muy mal visto festejar la muerte o celebrarla. Es raro, porque los indígenas la celebran, no la lamentan. Pero nosotros, en vez de adoptar esa costumbre, adoptamos la de ver la muerte como una tragedia. Nunca lo cuestioné, jamás lo dudé, pero, a raíz de mi paso por el otro plano, empecé a ver cosas que antes no eran una opción para mí.

La muerte no debe asociarse con un momento triste. Sé que para muchas personas puede resultar complicado y muy difícil de asimilar esta información, pero lo que mi experiencia me mostró es que es el instante más hermoso que un ser humano puede vivir. Es que pensemos por un segundo: es algo creado por Dios, que nos tocará a todos; independientemente de lo que suceda en la vida, es lo único que tenemos garantizado. Incluso, es tan trascendental que podría ser el reencuentro con los seres que han sido tu gran apoyo en la vida, aunque hasta ese momento no seas consciente de eso. La compañía de Dios fue y sigue siendo una constante. La única diferencia es que durante mi enfermedad Él estuvo tomando las decisiones por mí y sacándome adelante, llenándome de fuerza aun sin pedirlo... Ahora me ha ido soltando, poco a poco, pero siempre que le pido ayuda se presenta y está para mí. Ahí entendí en qué consiste el libre albedrío. Dios está listo para ayudarte cuando lo necesitas, pero si no le pides ayuda, Él no interviene. A menos de que seas un niño o una persona que, como yo, está pidiendo ayuda por una enfermedad, porque estás renaciendo.

Si a mí me preguntan, sí me alegra la muerte de la gente en su momento adecuado, porque significa que o ya aprendió lo que vino a aprender en esta vida y debe prepararse para regresar a vivir nuevos aprendizajes, o en esta vida perdió los aprendizajes y se alejó del amor y es indispensable que regrese de inmediato a recalcular el camino y la manera de vivir.

Soy una convencida absoluta de lo que se denomina "reencarnación", que no es nada diferente a ir superando pruebas y aprendiendo a superarlas hasta acceder al poder del amor de Dios, y esto se logra convirtiéndonos en ese tipo de amor. El absoluto, el incondicional.

Otro tema que tengo claro hoy es que el mal, el diablo, Satán o como quiera que lo llamen en las diferentes creencias, no es una traición a Dios. Por el contrario, es esa posibilidad de ejercer el libre albedrío, que de otra manera no existiría. Si el mal no existiera, los seres humanos no tendríamos ninguna opción diferente a ejercer la bondad y el libre albedrío no existiría. Existe como voluntad y garantía de Dios, porque si el mal no existiera, los seres humanos, todos, seríamos ángeles y este plano no tendría sentido.

Ese malvado que nos han enseñado es el mejor amigo de Dios. Como dicen algunas creencias, el más hermoso de los ángeles de Dios. Pero no lo traicionó, solo hizo posible el libre albedrío por solicitud de Dios. Eso es algo que estando en este plano nunca habría entendido, pues no era capaz de dimensionar un ser con solo amor, sin juicios, sin castigos.

Hace poco leí *La invención de la soledad,* de Paul Auster, escribe sobre la muerte de su padre y describe ese momento de forma magistral y contundente: "Un día hay vida. Por ejemplo, un hombre de excelente salud, ni siquiera viejo, sin ninguna enfermedad previa. Todo es como era, como será siempre. Pasa un día y otro, ocupándose solo de sus asuntos y soñando con la vida que le queda por delante. Y entonces, de repente, aparece la muerte. El hombre deja escapar un pequeño suspiro, se desploma en un sillón y muere. Sucede de una forma tan repentina que no hay lugar para la reflexión; la mente no tiene tiempo de encontrar una palabra de consuelo". Auster nos invita a aceptar ese momento con resignación, insiste que nos acerca a una frontera invisible entre la vida y la muerte, como si esta hubiese sido la dueña constante de la vida, como algo inevitable. Y estoy de acuerdo con él, yo creo que en este punto hay que entender el papel de Dios. De entrada, para mí, no tiene sentido pensar que algo que Dios se inventó para todos y cada uno de sus hijos sea malo. Cuando uno entiende y experimenta el amor de Dios, sabe que esa fuerza enorme que es su amor es totalmente incompatible con que la muerte sea algo negativo. Se ha humanizado a Dios para intentar entenderlo y para manipular las decisiones del ser humano a punta de miedo. Pensar en que la muerte es mala es creer que Dios es malo y eso es perfectamente incompatible con su esencia de amor puro. No puede ser malo algo que todos tengamos que vivir.

Basada en el principio que acabo de explicar, voy a referirme a un caso relacionado con la realidad colombiana. Cuando murió alias "Popeye", un personaje nefasto para la realidad política y de orden público del país, todas las emisoras hablaron del tema y un periodista tuvo la osadía de decir que se alegraba de que el señor se hubiera muerto. En ese momento, un sacerdote salió a decir que cómo se le ocurría salir a decir eso. Que nadie se merecía la muerte. Como vemos, en muchas religiones la muerte tiene un concepto negativo. Está casi prohibido congraciarse con que uno diga que se alegra con la muerte de alguien. Sin embargo, no creo en la connotación negativa de la muerte. No me cabe en mi cabeza pensar que ese ser que nos mueve a todos de una y de otra manera se haya inventado algo para todos sus hijos y que sea malo. Eso desvirtuaría mi concepto de Dios y acabaría con toda mi esencia de creencias y con mi experiencia.

Yo estuve muy cerca de dar el paso y la experiencia tiene lo que ustedes se puedan imaginar, menos algo negativo. Se viven cosas, hay reflejos, pero nada es negativo. Alguna vez lo dije: solo a un loco se le ocurre devolverse de la muerte. Cuando me dicen que yo por qué pude volver y los demás, no, la respuesta está en el libre albedrío. Necesitas un motivo fuerte para volver y yo tenía dos grades motivos:

mis dos hijos. No hablo de mi esposo o de mi familia, no porque no los ame, sino porque ellos no me necesitaban.

Puede que me amaran, pero no me necesitaban; en cambio, mis hijos, sí. Volver a este plano es un acto de amor infinito, porque al otro lado no hay dolor, no hay miedo, tienes la capacidad de entender la grandeza del amor y al liberarte de tu humanidad entiendes de qué se trata el proceso y qué objetivo está en tu camino. Es como volver a casa después de un largo viaje y, por fin, lograr descansar para recuperarte para tu siguiente destino. Es, literalmente, volver a casa. Si no existiera todo eso que aprendes, entonces no tiene sentido este paso por la vida.

La vida es espectacular, pero lo que está al otro lado se la lleva de lejos. Tal vez una de mis grandes enseñanzas de este paso es aprender a valorar y poner en una balanza las cosas. Hoy disfruto mucho más la vida, me río más, no me amargo, no me angustio y entiendo que nada de lo que pasa es malo. Cada cosa hace parte del crecimiento de tu alma. Todo es una gran oportunidad. La vida tiene todo espectacular, pero al otro lado todo eso que fue difícil en la vida no está. La muerte no puede ser negativa. Es el cambio de plano, es la recompensa por el deber cumplido, es la posibilidad de recalcular tus aprendizajes, empezar de nuevo en muchos casos y usar tu libre albedrío de una manera sabia y no pasional.

En toda la historia, ha habido momentos en los que la muerte ha estado presente de forma masiva. Nadie se muere en la víspera, cumple lo que vino a hacer. Pero la gente que murió lo hizo porque tenía que morir, no antes y no después. Son formas en las que el momento histórico genera la posibilidad de muerte. Con guerra o sin guerra, con virus o sin virus, la muerte iba a llegarle a mucha gente en el preciso momento en que le llegó. Por eso ando tranquila con todo el tema de la pandemia 2020. No creo en el manejo que le están dando al coronavirus, nadie se muere la víspera y las estrategias con el Covid-19 no están frenando nada. Lo único que se frena es la economía. Esto tiene una explicación, porque cada persona tiene un tema propio. Pero me estoy saliendo del punto central y es mi visión de la muerte. Todos tenemos que llegar a Dios, pero de alguna forma es llegar al nivel de Dios, porque solo cuando vibremos con su misma energía, podremos acceder a Él, nos quitamos la cantidad de temas humanos que tenemos todos, que nos ponen en la vida para aprender.

Hay gente que necesita de muchas vidas para aprender, es un tema individual. El tema del acceso a Dios es un tema individual. Dios no te castiga, Él tiene a todos sus hijos en función de un mismo punto, cada uno tiene su proceso, único e irrepetible. Su vida no es mi vida, es la vida de ellos. Por eso Dios te va soltando de a poco en la medida que adquieres tu libre albedrío. Para mí es importante recalcar este punto, porque estuve muriendo y regresé, y todo lo que viví al otro lado me ha hecho ver la vida de una forma diferente.

¿CÓMO ES MORIRSE?

Mi vivencia es tan clara y consciente que podría recordarla cada día de esta vida.

Cuando hablo de la muerte, hablo del proceso que vive tu alma para abandonar el cuerpo que le ha servido de casa en este plano. De la misma forma que acceder al cuerpo es un proceso de un tiempo, abandonarlo también lo es. Comienza cuando tu alma entiende que su paso por este plano ya cumplió con su cometido y es hora de abandonarlo para poder volver a casa y descansar, y aprender lo que viniste a aprender en este plano.

En mi caso, esto empezó con una certeza de que era hora de volver a casa. Empecé a recordar mi paso por este plano, los momentos que aún no superaba, los miedos que conservaba, los motivos que los habían producido. Todo esto lo veía como si fuera una película y yo fuera la espectadora; es decir, ya no tenían el poder de producirme angustia o miedo. Podía mirar a los grandes miedos a la cara con la certeza absoluta de que eran incapaces de hacerme daño ahora. En todo momento sentí a Dios conmigo, acompañándome en el proceso. No tengo ni idea de cuánto tiempo pasaría, pero después de enfrentar mis más grandes miedos sin que me aterraran, se presentó al frente mío una luz blanca, hermosa, que solo me generaba paz y amor. Quería ir a esa luz y por eso inicié mi camino hacia ella. Un camino lleno de momentos hermosos, de gente que sabía que era parte de mi familia, eran energías que yo reconocía. Me generaba paz absoluta y placer por volver a casa después de un largo viaje. Entre más caminaba, más energías conocidas sentía, más compañía. Todos tenemos que llegar a ese nivel de amor de Dios para acceder a Él, para, literalmente, volvernos parte de Él. Si seguimos bajando a este plano, es porque no hemos logrado eso.

Es muy claro para mí que, si no hubiera sido por mi necesidad de estar con mis hijos, mi siguiente paso habría sido volver a ese lugar donde todo se puede, donde no existe el miedo, donde reconocería mi alma y podría revisar qué le hacía falta. Sin embargo, en todo el proceso el mensaje que recibí fue muy simple: amor. Puro absoluto, total. A eso tienes que acceder si quieres ya quedarte en ese lugar al que, hoy entiendo por qué, llaman Paraíso.

Morir es un proceso. El cambio de plano es un proceso. No es algo que se pueda fijar en un momento específico. La parte física dejas de sentirla o de vivirlas antes de que las máquinas reporten que se paró tu corazón. Abandonas el cuerpo un tiempo antes de que el corazón pare. Antes de que los médicos lo puedan detectar, ya has iniciado el regreso a casa. Antes de reportar falla multisistémica, mi proceso de desprenderme ya había iniciado. Una de las grandes diferencias era que, viendo la situación desde este ángulo, todo era fácil y lógico. Todo lo que no había logrado entender en mi vida se hacía evidente. Claramente, no me refiero a matemáticas o ciencias, me refiero a componentes del alma y del aprendizaje.

TAN NUESTRO Y TAN DESCONOCIDO

Desde que estuve en el otro plano y estuve abrazada a Dios, sentí algo que me parece muy importante: cuando chiquita aprendí que Dios era mi padre, con una connotación de hombre y con una calidad de amar, pero también de impartir justicia. Una justicia entendida desde el punto de vista humano del bien y del mal en la que todos, de una u otra manera, nos sentimos con el derecho de juzgar y poner el dedo sobre la llaga. Y como si nos correspondiera, sabemos qué perdona Dios y qué no perdona. Hasta llegamos al punto de humanizar a Dios con la arrogancia que es propia de los seres humanos. Hay personas que creen que tienen el poder investido por Dios para decidir qué perdonaría Él y qué no, incluso creemos que Dios mide la calidad y cantidad de concesiones que hace, por el número de personas que se unan a pedírselo de una manera determinada, con frases exactas y repeticiones permanentes, como ya dije antes. En mi experiencia, Dios no tiene nada que ver con eso; Él es amor puro, eso que los seres humanos no logramos entender, porque no hemos llegado a ese nivel. Si estuviéramos en ese nivel, ya no estaríamos en este plano.

Mi experiencia es que Él es el padre y madre de un adulto y cuando hablo de padre y madre no lo digo en el sentido feminista del concepto, lo digo en que reúne las grandes virtudes de ambos, lo que representa un padre y lo que representa una madre. Si miramos la relación de un padre y una madre con un bebé, vemos a unos padres protectores, que corrigen, que regañan, que castigan y que toman decisiones por los hijos. Juan Miguel es un niño que si le pega a su hermano se va castigado. Y así me vendieron a mí a Dios cuando era chiquita: Dios es un ser con mandamientos y reglas, que si las acatas te va bien y si no las acatas te va muy mal, y con un concepto tan horrible sobre la muerte que nadie debe alegrarse de la muerte de otro ser humano.

En mi experiencia, nada más lejos de la realidad. Dios es el padre y la madre de un adulto a quien no castiga ni pone condiciones para conseguir resultados específicos. Es el papá y la mamá de un adulto a quien acompaña, a quien guía, a quien oye y a quien sugiere. A quien no condena, pues sabe que todo es parte de su aprendizaje y de las experiencias que sirven de lección. El que sabe que todos sus hijos son diferentes y tienen procesos y experiencias muy distintas. Nos han educado con el concepto de castigo y obediencia, en vez de aprendizaje, entendimiento y apoyo, tal vez porque no hay ningún sentimiento más poderoso y más manipulable que el miedo. Dios no es el papá de un bebé, Dios es como el padre anciano y, por lo mismo, tranquilo, sosegado, que está listo para darte una mano. No el padre que castiga, amenaza y sanciona. Tampoco ese ser ególatra que funciona como un *rock star*: hasta que muchas personas no me pidan un favor, ni los miro. Eso lo digo porque la explicación que me dieron para haber regado el chisme de mi enfermedad fue que era para que oraran por mí. Como si Dios ignorara mi situación o necesitara que mucha gente pidiera por mi salud para dignarse a hacer al favor. Para mí eso no tiene sentido. Un ser que es amor puro, ¿cómo podría cargar la estupidez de los humanos?

En lo que veo hoy, el accionar de Dios es simple y precioso: "No estoy acá para decirte qué está bien y qué está mal; cada uno acepta sus verdades y asume sus decisiones. Necesitas mi ayuda, yo te ayudo. No tomo decisiones por ti, te di libre albedrío, no te castigo. Tú tomas tus decisiones y asumes sus consecuencias, porque esas consecuencias son tu aprendizaje y son lo que hace crecer tu alma y acercarte a mí. En tu momento evolutivo, tienes el concepto de qué es bueno y malo, y debes haber vivido para saberlo". Viendo esto, entendí lo que alguna vez me enseñaron en mi clase de Filosofía: "Si los bueyes, caballos y leones tuvieran manos y pudieran dibujar y realizar obras como los humanos, los caballos dibujarían a los dioses semejantes a los caballos, los bueyes a los bueyes tal como si tuvieran la figura correspondiente de cada uno" (Jenófanes de Colofón). Hoy entiendo a lo que se referían cuando hablamos de este tema en filosofía. Dios es humanizado con todas las falencias humanas, porque el ser humano es incapaz de dimensionar el amor de Dios hasta que no lo tiene enfrente. En ese momento, comprende su amor y de qué se trata nuestro paso por este plano.

Es como cuando un niño aprende a montar bicicleta: aprenderá tras muchas caídas. No creo que ningún papá le diga que si se cae lo castiga. Ningún papá estará ahí para tumbarlo o castigarlo porque se cayó. Por el contrario, está para ayudarlo a levantarse, sabiendo que el golpe lo está viviendo el que se cayó y que ese es su aprendizaje. Estamos acá para aprender, para renunciar de manera voluntaria a eso que nos aleja de Dios porque lo aprendimos, no por castigo ni por imposición, pues el libre albedrío es su mayor regalo al ser humano. Ese Dios que me ensañaron de chiquita no es el Dios con el que yo estuve.

Durante los últimos cinco años he estado tratando todos los días de dimensionar la grandeza de lo que me pasó. Hay momentos en los que se me olvida como era mi vida antes cuando tenía una idea muy diferente del cielo o de los motivos que me tenían en este mundo. Ese tiempo en el que hablaba del cielo y la tierra, y no de los diferentes planos. Antes valoraba las cosas intrascendentes, como las inteligencias por encima de las grandes sabidurías y carentes de la fuerza del amor, o los méritos traducidos en reconocimiento de terceros que ni conoces ni les interesas. Les daba valor errado a cosas como las piernas o el logro profesional, sin entender ni dimensionar cuál era el sentido de estar acá. Y no me malinterpreten, las piernas son muy útiles y los logros profesionales te estimulan para seguir consiguiendo lo que te propones, pero no son la esencia ni el motivo de estar acá. Además, todo eso hace parte de tu aprendizaje en este plano; tú vives y experimentas lo que necesitas aprender. Algo así como que si tu lección en este plano es que el dinero no hace la felicidad, es probable que decidas venir con mucho dinero, pues si no tienes dinero, el aprendizaje es casi que automático, no viene de un crecimiento espiritual tuyo. Los pasos por los diferentes planos lo que buscan es hacernos vivir aquello que nuestra alma necesita para aprender.

Conocer a Dios y entender de qué se trata el proceso y para qué estamos acá me ha llevado a saber que somos mucho más poderosos de lo que nos han enseñado y la vida depende de nosotros: por un lado, por el aprendizaje que escogimos desde antes de encarnarnos;

por otro, por los efectos de nuestras decisiones. No como un reto a Dios, sino al contrario, como el cumplimiento del propósito para el que fuimos creados y ejercer realmente el libre albedrío.

MI ENCUENTRO CON DIOS

A diferencia de otras vivencias del otro plano, como la del mexicano que conté al inicio del libro, Jesús se quedó en mi memoria inalterable. No ha variado ni un solo instante. Ese Jesús me hizo sentir que Dios es uno, que está con todos y que Jesús y todos esos seres hermosos que las diferentes culturas reconocen como Dios o enviados de Dios son almas que se han ganado el derecho a trabajar con Dios en la protección y ayuda a los seres humanos. En ese momento, entendí lo esencial: Dios es un presente permanente, es continuo, es una energía muy poderosa, no es humano ni se manifiesta como humano, no es de momentos, es un siempre y es un todo. No tiene ni una pizca de humano y no se revela como tal. No maneja egos ni reglas humanas, no busca reconocimiento ni aprobación. Es esa energía poderosa. Es, por decirlo de alguna manera, como el oxígeno que respiras. No lo ves, no lo puedes tocar, pero sabes que está ahí porque estás respirando, porque si faltara dejarías de existir, porque es un todo y al mismo tiempo ese pedazo que nunca te abandona. Es una fuerza que se presenta en todas las formas y en todas las necesidades, y es la manifestación propia de lo que es el amor, a un nivel más allá de este mundo. Por lo mismo, no es un ser que impone reglas a errores humanos ni amenaza con castigos. ¡Es tan indescriptible! Conoce el libre albedrío y sabe que es el proceso de perfeccionamiento de sus hijos y sabe que, sin el mal, el libre albedrío no existiría. Entiende a cada ser y su proceso y no le ha entregado a nadie el poder de representarlo en ninguna parte.

Hablar con Jesús también me hizo saber que no es solo él quien tiene acceso directo a Dios, que de hecho todos lo tenemos, pero cuando nuestra condición humana nos hace necesitar el apoyo de un ser a quien le podamos poner ojos, nariz y boca, hay varios seres de luz que nos acompañan, como Mahoma, que, de acuerdo con las creencias o momentos históricos, se ha designado a otros seres para entrar a trabajar en nombre de Dios con determinadas personas. Ahí entendí, por primera vez en mi vida, que Jesús no era Dios, era el encargado de una parte del cuidado de los seres humanos en nombre de Dios, tan cerca a Dios como cualquiera de los enviados y tan pegado a Dios como cualquiera de sus ayudantes, que además han sido humanizados por el ser humano y les han puesto características de cada pueblo en el que hacen presencia. Jesús era el encargado de acompañarme en este plano, por mis creencias; y si mi nacimiento se diera en otro momento o en otro lugar para esta vida, porque sí, le reencarnación es otra de las cosas que hoy son una verdad para mí, mi ayudante en todo este proceso habría sido otro ser de luz, como posiblemente sea otro el designado en mi siguiente vida.

Ese Jesús hermoso fue mi compañero permanente durante todo el tiempo: desde el momento mismo en el que la muerte era mi siguiente paso, hasta cuando regresé a la vida e incluso, hasta un tiempo después de volver. La presencia que es una constante y que no me ha abandonado ni un instante es la de Dios, quien estuvo, ha estado y estará. La diferencia es que hoy lo percibo, hoy reconozco su fuerza, su poder y su presencia. Al igual que cualquiera que esté naciendo en este momento, hasta que se valga por sí mismo y adquiera el libre albedrío seguirá acompañado por Dios, pues un bebé lo reconoce, no necesita esa calidad humana de sus ayudantes para ser consciente de su presencia. Una vez adquiera el libre albedrío, podrá volver a pedir ayuda cuando quiera y todos los enviados de Dios están para salir en su auxilio. Entendí que el libre albedrío obedece a la necesidad de cada uno de nosotros de aprender ciertas cosas en cada vida que vivimos, vivencias o situaciones que, aunque muchas veces nos parezcan malas, necesitamos vivir para aprender lo que vinimos a aprender en cada vida. La vida no está llena de problemas, la vida está llena de enseñanzas y entre más rápido lo entendamos, mejor será nuestro paso por este plano.

Entre más claro tengamos que no vinimos a llevarnos un cuerpo perfecto, sino un alma llena de amor aprendido y entregado a los demás, más fácil nos quedará aceptar los retos y cambios que la vida nos presenta a diario. A mucha gente le cuesta entender cómo es posible que yo viva tan feliz, incluso más que antes, después de lo que me pasó. La respuesta es fácil: tengo una pierna lesionada, pero un alma consciente de la grandeza de Dios y de los aprendizajes que esto me ha dado. La pierna la voy a dejar cuando cambie de plano, lo aprendido me lo llevo conmigo. Nuestra razón para estar vivos es que nos faltan lecciones del alma, por eso la vida en este plano está llena de sensaciones y momentos retadores.

Nuestro paso por este plano es mucho más importante que disfrutar de momentos que en la vida consideramos buenos, al final lo que necesitamos aprender es lo que importa y lo que debemos vivir para lograrlo es solo la manera de llegar a esa vivencia. Los que piensan que alguien tuvo una buena vida porque nunca tuvo grandes problemas o nunca se enfermó o nunca enfrentó grandes retos están viendo las cosas de una manera incorrecta. En primer lugar, que no conozcamos los retos que enfrentó una persona no significa que no los tuvo y, en segundo lugar, si así fuera, que no creo que ocurra, habría perdido la venida. Aprendí que venimos a aprender o a enseñar, como por ejemplo un bebé que muere al momento de nacer, seguramente no aprendió mucho de este plano, pero seguro enseñó mucho a varias personas. Aprendí que antes de encarnarnos en un cuerpo, lo escogemos y que por libre albedrío podemos cambiar los momentos, las circunstancias o las decisiones.

Cuando estuve en el otro plano, me fui haciendo consciente de muchas vivencias que podrían haber sido diferentes en mi vida. Que Dios no decide por ti ni castiga. Que lo que vives es producto de tus decisiones y que no tiene sentido que queramos achacarle a Dios los resultados de nuestros propios aprendizajes. Que Él no castiga, porque entiende tu proceso y sabe que la finalidad es llegar a Él, y sabe que cada uno de sus hijos tiene su motivo y su aprendizaje individual y único, y asume las consecuencias buenas o malas de sus determinaciones. Que no necesitamos tenerle miedo a Dios para hacer las cosas bien. Que las consecuencias que producen miedo hacen parte de la mentalidad humana. Yo fui consciente de que este era solo otro escalón, que había cumplido con mi propósito en esta vida. Que cada dolor, cada momento difícil, cada tristeza, vivencia buena, regular o mala o decisión que había tomado y "error" que había cometido eran parte de la necesidad de mi alma para lo-grar mi cometido en esta vida, y que ahora me correspondía volver a entender lo aprendido. Debía revisar qué me faltaba aprender.

Otra de las cosas que vi cuando hablé con Dios fue que, ante mis pre-guntas, me aclaró que esa incógnita surgía de mi visión humana, no de Su visión, que una serie de verdades humanas provenían de la humanización que hacemos de Él, no provienen de Él, de su amor infinito, de su capacidad infinita. También supe que ese entendimiento lo iba a tener claro mientras estuviera allá, que tan pronto recuperara mi condición humana en este plano, ya fuera por volverme a encarnar o por devolverme, mi condición humana me haría retornar a mi lógica humana y que dependía de mí y solo de mí conservar la lógica del amor. Que ese era mi aprendizaje y que Él siempre estaría ahí para mí.

Durante el proceso de cambiar de plano vi muchas situaciones que, aunque al principio creí que no eran reales, después de regresar a este plano y hablar con las personas, supe que yo había estado en ese momento, como una manera de despedirme de ellas, y ellas me sintieron. Recuerdo perfectamente a la ginecóloga que recibió a Juan Miguel en el nacimiento de mi segundo hijo y a quien vi el 31 de diciembre en su casa celebrando Año Nuevo con su esposo. Estuve en ese lugar, oí lo que cantaban, vi cómo cocinaba. O una tía de la que me despedí. De hecho, esa tía lo sintió así, les contó a sus allegados que yo me estaba despidiendo e hicieron una oración por mí. Yo no tenía cla-ros los tiempos o las fechas, estos han surgido en la medida en que lo he hablado con ciertas personas, y por eso tengo claro que el 31 estuve a punto de morir. Incluso la doctora me corroboró que la escena que vi era lo que ella estaba haciendo ese día con su familia.

Ese día ya había iniciado mi camino sin retorno a la luz, ya estaba experimentando el despojarme de mi cuerpo, el caminar ligera, el no permanecer atada a este plano. Ya había soltado las alas y había iniciado mi regreso a casa cuando recordé a mis hijos. Tuve una visión clara de mis dos chiquitines, uno de cuatro años y el otro de apenas días de nacido; recordé lo chiquitos que eran y lo mucho que me necesitaban, por lo que frené en seco. Pedí ayuda y apareció Jesús, como ya lo conté. Solo un amor tan grande y puro como el que se siente por un hijo te hace pensar en devolverte. En ese momento, entiendes en qué consiste el amor de Dios y, sin medir las consecuencias para tu propia vida, vuelves por ellos. Incluso cuando pedí que, si devolverme implicaba ser un problema para mis hijos que no me permitieran regresar, también lo hice pensando en ellos. Entendí que el amor que yo sentía desde el día mismo en que supe que estaba embarazada era el acercamiento más claro que yo iba tener a la calidad del amor de Dios. Entendí, por primera vez, que no eran míos, que su vida les pertenecía, y que yo solo era la encargada de mos-trarles el amor más grande del mundo y prepararlos para enfrentar su paso por este plano. Que su vida y su muerte les pertenecía y que no me corres-pondía a mí ninguna de las dos cosas, que cuando su alma estuviera lista para cambiar de plano lo harían y que yo podía estar en este o en el otro plano en ese momento.

Hoy entiendo muchas cosas. Volver era recuperar mi condición humana, por lo que necesitaba la ayuda de Dios en todo el proceso y la compañía de Jesús durante el cambio. A Jesús lo recuerdo perfectamente; estaba como me lo han mostrado en fotos y cuadros: pelo largo, con un vestido azul oscuro, con sandalias cafés, con sus codos sobre sus piernas, como si fuera una conversación con un amigo, así lo sentí y lo vi, sentado frente a un árbol. Me abrazó y en ese momento volví, abrí los ojos y vi a mi mamá y a mi esposo.

¿Por qué Dios me facilitó las cosas? Estoy convencida de que fue porque me motivaba el amor. Un amor tan absolutamente grande que me hacía renunciar a volver a casa, aún a costa de mi propio bienestar. Mi muerte habría sido joven, sin grandes dolores o dramas más allá del de una jaqueca severa. No hubo enfermedades largas, dolorosas o espantosas. Así que solo el amor por mis hijos me hizo no dudar ni un segundo en pedir permiso para devolverme.

Tal vez ahí entiendo el enorme regalo que recibí. Que, aunque me que-dé en este plano por motivos diferentes, haberlo podido hacer me permite tener información para acceder a Dios rápidamente. Esta bendición bien vale una pierna. Tal vez ese es el punto: morir es haber cumplido una de tus metas, no es una pérdida. Ninguna mamá llora al pensar que su hijo va a ir a la universidad, aunque eso implique no verlo en un tiempo. Nadie piensa en que el día que su hijo sale a cumplir sus sueños es la última vez que lo vamos a ver. Tenemos la falsa creencia de que tenemos la vida comprada. Tenemos certezas muy inciertas y verdades muy temidas. Somos raros. Por eso no me parece extraño que muchas personas me hayan preguntado qué pensaba o vivía durante el tiempo que transcurrió entre el momento en el que me desmayé y el momento en el que volví, o porqué yo pude volver y los demás no, o porqué veo esto como una bendición y no como una desgracia. ¡Porque nadie quiere devolverse! A quién se le ocurre salir del cumplimiento de una de sus metas, acompañado por Dios y por sus ángeles, protegido por un ser tan hermoso como Jesús o sus "amigos", y alejado totalmente del dolor, del miedo y de la enfermedad, volver a un lugar en el que todo le va a doler, no va a poder caminar, no va a tener idea de la cantidad de cosas que va a tener que vivir solo para recuperarse de la enfermedad que le causó la muerte.

LA PERFECCIÓN DEL ALMA

Durante toda mi vida, fui creyente de una religión con la que nací y fui educada. Creo que al final todos estamos, de alguna manera, buscando la respues-ta a una pregunta: ¿para qué estamos acá?

En mi paso por el otro plano, la respuesta era muy evidente y se alejaba de todos los conceptos humanos. La respuesta era tan fácil y evidente que nacimos con ella y en el proceso de vivir le perdíamos el rastro. Lo repetimos como loros en todas las iglesias y en todas las creencias, pero no lo hacemos: amar. Poner el amor como única carta de presentación, como única política, como única verdad.

Al entender el alma alejada de todo problema o molestia física, al entender el alma sin el concepto de miedo, al entender el alma sin sensaciones de egoísmo, verdades impuestas, temas históricos ni verdades aprendidas y reencontrarse con la esencia misma de lo que somos, entendemos que nos han gobernado el miedo y la ignorancia. Que todas las verdades impuestas corres-ponden a vivencias de una persona determinada, en un momento específico de la vida, y no a la verdad de Dios. Y son verdades tan incrustadas en el alma que generan guerras en nombre de Dios.

En mi experiencia, la respuesta es hoy y ha sido siempre: Dios es amor, pero amor real y absoluto, no el amor condicionado a que se cumplan las expectativas impuestas por verdades aprendidas, y no por verdades vividas.

A la mayoría de las personas sus creencias les dan el norte de lo que es-tá bien y lo que está mal. Existe la necesidad de mantenerlas, porque modifi-carlas les quita el piso de la salvación y les produce miedo asumir ese riesgo, y eso es válido.

Yo respeto y valoro mucho las religiones y las creencias que les permi-tan a las personas ser más felices, mejores seres humanos y las acerquen más al amor en toda su dimensión. Mi experiencia me hizo sentir que el condicionamiento humano nos aleja de lo verdaderamente importante y nos hace in-tentar agradarle a Dios, pero eso no es lo que Él busca. Ese es un pensamiento muy humano. Pensar en que quieras que le recen y que entre más personas recen por una causa es más probable que se logre un favor de Dios o que Él está esperando que lo alaben y que le rindan pleitesía es la humanidad en toda su manifestación. Hoy creo que todos tenemos que acceder a la perfección, pero a la del alma, que solo tiene y maneja Dios, y que se resume en amor en toda su expresión. Amor en todo, amor para todo, amor como guía, amor como respuesta, amor como objetivo y como energía vital.

He tratado de comprender algunos de los mensajes que viví en el otro plano, y voy a explicar mis interpretaciones, espero, de la mejor manera. La idea es que cada persona tome lo mejor de esta información y viva una vida plena, sin miedos, sin temores. Lo primero que debo decir es que tenemos que experimentar las sensaciones humanas, enfrentarlas y darnos cuenta de nuestra capacidad y nuestro poder. Creo que todos los seres humanos, sin distingo de religión, género o raza, vamos para el mismo lado, pero cada cual escoge la manera de vivirlo, las vivencias y aprendizaje que necesita, así como el camino para llegar a esa perfección. Como lo he reiterado en el libro, en eso radica el libre albedrío. Cada persona decide qué va a experimentar y de eso depende que tarde una vida o mil vidas para llegar a Dios. Por eso para mí la reencarnación es una realidad y una verdad de la que hoy no tengo dudas. Además, porque explica y concilia la diferencia de oportunidades y situaciones que estamos experimentando las personas.

¿Cómo puede evaluarse igual a dos personas si sus posibilidades o experiencias de vida son tan distintas? ¿Cómo puede juzgarse a dos personas de maneras similares, por errores únicos o mandaros exactos, si sus oportunidades de vivir fueron tan distintas? La explicación para mí es sencilla: cada per-sona escogió sus circunstancias antes de encarnarse, de acuerdo con el aprendizaje que le correspondía en cada plano. Ahí adquirió sentido el tema para mí. Me explico con un ejemplo: si mi aprendizaje en este plano fuera que el dinero no hace la felicidad, es probable que decidiera encarnarme en una situación en la que ese aprendizaje fuera un reto para mí. Seguramente, me encarnaría en una posición de mucho dinero, pues si nazco sin capacidad económica, esa lección llega sola, no necesito nada para entenderlo.

Esto aclaró muchas de mis creencias y me permite hoy ver y entender todo como una oportunidad y no como un problema. Antes de nacer, escoges qué vamos a vivir y a aprender, y una vez llegas a ese aprendizaje o estado de perfección, mueres. La muerte llega para analizar, aprender y para que puedas programar el siguiente paso que vas a vivir en tu proceso de aprendizaje. Eso explica por qué nacen personas al mismo tiempo con todas las oportunidades y ventajas, y otras con tantas dificultades y problemas. ¿Cómo podría Dios juzgar igual a dos personas con oportunidades tan diferentes?

Dios me mostró que ve el conjunto de cada ser y sabe que tenemos un destino común, pero que cada cual escoge qué tan rápido y cómo lo logra. Es capaz de percibir la "calidad de amor" que destilamos y por eso nos reconoce. Lo entendí como una carrera de observación: a todos nos muestran la meta antes de encarnarnos por primera vez y decidimos cuál de los caminos tomamos para llegar a esa meta. Cada parada en el camino es una vida. Una vez elegido el camino, debemos pasar por cada obstáculo hasta superarlo adecuadamente y poder, así, movernos hacia la siguiente prueba. Cada vez que pensamos en que no hacemos por alguien lo que ese alguien no hace por nosotros, no estamos pensando en la meta, sino en el engaño del ego. ¿Podemos cambiar de rumbo? Claro que sí, cuantas veces queramos, por eso cada vez que morimos pasamos a una etapa de evaluación de lo que aprendimos y de lo que necesitamos aprender en nuestra nueva encarnación para retornar a la siguiente etapa. Si nos equivocamos, perdemos el norte o queremos ayuda, pedimos a

Dios su intervención renunciando temporalmente a nuestro libre albedrío para que él se encargue y retomamos el control en el momento en que así lo decidamos. O pedimos un acortamiento de la vida, sin ser conscientes de eso en este plano, para poder recalcular lo que estamos haciendo, como cuando una persona ha decidido ser "mala" y ha causado mucho daño. Es muy probable que muera joven, pues su alma necesita recalcular y volver a empezar. El Dios que yo vi está concentrado en nuestra superación y el logro de lo que necesitamos para acceder, no en juzgarnos, ni en tonterías humanas tales como lo que puedo no comer, lo que debo o no rezar, lo que puedo o no experimentar.

Hay personas que cuentan que cuando viven estas experiencias trascendentales ven toda la película de su vida. Eso, a mi modo de ver, es una manera acertada de explicar algo que sucede cuando estás en el otro plano. Tuve varias vivencias de ese estilo. El accidente en el que casi me ahogo y que ya conté es una muestra de esto. Ese día, siendo una niña, sabía que la muerte no representaba algo malo, que no reaccionar había sido un acto natural para quien no teme morir y que devolverme me haría vulnerable. Ver esa experiencia desde otro ángulo me llevó a entender que el desconocimiento de la muerte infundido por creencias religiosas nos genera miedos y angustias que nos alejan de lo que es en sí misma la vida. Esto me confirmó, de nuevo, que nuestros miedos son provocados. No digo que con mala intención, pero nos hacen un gran daño. Lo curioso es que desde hace muchos años ya había revaluado la palabra "culpa" y le había enseñado a mi hijo a no usarla y sustituirla por la palabra "responsabilidad". Hoy, más que nunca, tengo claro que así debe ser. La palabra "culpa" no aporta, sino que busca manipular a las personas.

TU RESPONSABILIDAD, TU VIDA

Cuando entendemos que nuestro reto es llevarnos de este plano almas enormes y hermosas, y no cuerpos inmaculados, empezamos a entender muchas cosas y le otorgamos la importancia real a cada una de las vivencias en este plano. Cuando dejamos de ver la enfermedad como una desgracia y la empezamos a valorar como la gran maestra que es, empezamos a entender de qué se trata este plano. Cuando entendí eso, pude ver al miedo de frente y pude entender que eso que me pasó a mí fue producto de una decisión que yo tomé en algún momento, porque mi alma requería ese aprendizaje. Como en el caso de mi caída a la piscina, no había mirado hacia al frente. No fue atribuible a alguien, yo tomé la decisión de caminar sin mirar hacia adelante. Al otro lado, yo viví la historia de la piscina como una espectadora, veía a Ana chiquita, vestida con vestido de baño, *shorts*, con el pelo tal cual como lo tenía cuando pequeña. Y la vi caminar, la vi caerse, la vi no asumir ningún movimiento; también vi a Catalina botarse al agua y sacarme y, al verla como una espectadora, no sentí miedo. Así que al otro lado entendí que todo lo que me produ-cía miedo o algo negativo era producto de mis decisiones de mi libre albedrío. Nadie me lo había enviado. Ese libre albedrío tenía una función, vine a este plano a aprender algo.

Puede que mi lección fuera aprender a perdonar, empezando por mí. Si yo ya me estaba yendo era porque lo aprendí, pero asumiendo las decisiones de mi vida. Sin responsabilizar al destino ni a la suerte, sin buscar responsabi-lidades en designios de Dios ni en otras personas. Asumiendo, por primera vez, las consecuencias de mis decisiones. Y no me refiero a que en otros momentos no me hubiera tocado asumir las consecuencias de mis decisiones y sacar adelante lo que fuera que me hubiera tocado en su momento, la gran diferencia es que ahora las empecé a asumir como lo que son: el producto de mis decisiones y el modo en el que fue posible entender ciertas enseñanzas vitales para el crecimiento del alma. Por primera vez, estaba mirando a los ojos mi vida y estaba entendiendo que si me caí al agua fue por no poner atención al caminar, no porque alguien hiciera algo malo, fue porque yo no estaba prestando atención. Así empecé a ver cada momento de mi vida y, con ello, a dimensionar mis grandes aciertos, mis grandes errores y mis lecciones pendientes. El resultado final era cumplir con mi tarea.

También reviví hechos menos trascendentales que me hicieron entender los retos que te presenta la vida. Recordé una experiencia cuando tenía doce años en el colegio Helvetia. Fue durante una clase de gimnasia. Estábamos esperando a que el profesor llegara y alguno de mis compañeros me dijo que yo no era capaz de saltar la barra que evita que las personas que van a ver un partido de básquet entren en el área de juego. Infortunadamente se me trabó el pie y me fui de cabeza contra el piso. Acto seguido, todos mis compañeros de curso se rieron de mí. Sentí mucha rabia, impotencia y vergüenza. Mi ne-cesidad de no equivocarme en temas que yo consideraba básicos en el inicio de la pubertad, como hacer bien un ejercicio de gimnasia, me llevaba a buscar cierta perfección innecesaria.

Ver de nuevo a mis compañeros de colegio, reconocer sus rostros y verme como esa niña indefensa e insegura de la adolescencia me sirvió para perdonar a esa Ana María a quien no había podido perdonarle su torpeza. También perdoné a esas personas que con sus burlas me hicieron sentir inferior. Esto no quiere decir que haya tenido experiencias traumáticas en el cole-gio. Al contrario, me gocé el colegio y creo que también les hice daño a otros a quienes "se las monté", como se decía coloquialmente a lo que hoy se conoce como *bullying;* aunque también abogué por ellas cuando algunas de mis compañeras cruzaban una línea que no se debía.

Hoy he recordado mi paso por ese colegio. Sé que mis hermanas no sienten lo mismo, pero a mí me fue bien. Me iba bien en deportes, en especial atletismo, salto alto, carreras de cien metros, relevos; en todo eso fui buena. Destacar en deportes te abría puertas en el colegio, porque se veía como algo play, que te daba estatus entre tus amigos. Incluso representé al colegio en varias competencias de la Uncoli. Me iba muy bien en las humanidades, como español y literatura, y aprendí alemán gracias a la insistencia de mis papás, que decidieron que ese idioma me serviría para la vida y porque mi papá in-sistía en que, si uno aprendía alemán, aprendía cualquier otro idioma. Hoy pienso que tenía razón. Es un idioma difícil y muy diferente al español.

Me parece muy triste recordar ese evento porque es la evidencia de que nos educan para reaccionar y enfrentar las dificultades a partir de ser *bullies,* montadores, para ganarte la aceptación de los demás aunque hieras a otras personas. y me recuerda que así crecí. Por eso hice ejercicio para ganar medallas, por eso fui montadora y por eso enfrenté situaciones injustas para otros. Por la necesidad de agradar. Puse el ego por encima del amor y traté de mostrar mi grandeza en cosas insignificantes. Hoy sé que los *bullies* están gritando que necesitan amor, que tienen el alma llena de momentos difíciles, que necesitan descargar en otras personas para sentir que se hace un poco de justicia.

Yo fui algo *bullie* en algunos momentos de mi vida y también soporté el *bullying* algunas veces. Recuerdo una persona que fue mi jefe y que tenía una forma muy difícil de tratar a las personas. La odié por mucho tiempo. Después entendí que, además de forjar mi carácter, los motivos que la llevaban a ser así era una falta de amor representada en una familia complicada y una enfermedad compleja. Hoy le agradezco su presencia en mi vida, porque me hizo más fuerte, me enseñó a enfrentar situaciones con personas difíciles y me mostró aquellas cosas que yo tenía y no era capaz de ver. De hecho, esta experiencia me recordó que una profesora mía de español me dijo alguna vez, cuando yo le comenté "en mi humilde opinión", cuando iba a dar mi concepto sobre *El Quijote*; "Botero, usted de humilde no tiene ni la opinión". Hoy tengo claro que ella estaba en lo cierto y que la vida tiene formas de hacerte aprender lo importante, para que no te vayas de este plano sin estar un poco más cerca de la meta.

En el colegio no me iba bien en matemáticas ni en física; todo lo que era ciencias exactas me costó trabajo. Fui muy buena lectora, me gusta leer y leía rápido, una destreza que el ACV me arrebató y que todavía hoy trabajo para recuperar totalmente. Por ejemplo, recuerdo que libros como *El ingenioso hidalgo don Quijote de la Mancha* me marcaron, pero para mal. No me enganchó ,y así lo manifesté desde el principio. Siempre he dicho las cosas como las pienso y eso me trajo problemas muchas veces. Hoy, con lo que pasó, he escuchado a varias personas decirme que estaban seguras de que yo sa-caba mi enfermedad adelante, que si alguien era capaz de salir delante de un accidente como el mío esa era yo. Al indagar el porqué confiaban tanto en que yo era capaz, todos coinciden en decirme que me caracterizo por cumplir metas, trazarme objetivos y no descansar hasta lograrlos. Yo no lo tenía tan claro, pero hoy sé que, si mi personalidad fue la que me dio el empuje, las ganas y la determinación para salir adelante y no sentarme a llorar, bendita sea mi personalidad.

Lo que sí fue nuevo en mi vida fue esa tranquilidad que tengo en el alma con lo que me pasó. Esa certeza de que todo lo que ocurre está bien, que nada de lo que sucede es un error, que todas son lecciones que tu alma necesita y que tú las pediste, y que Dios juega un papel muy diferente al del juez de la vida de los seres humanos. Esa nueva visión, sumada a mi personalidad ha sido, tal vez, la receta del éxito en mi caso. Cada caso es único y especial.

SER

151

SER

VOLVER A CONOCER A ANA MARÍA

Yo me desmallé como una Ana María Botero que vivió cuarenta y un años, que fue una abogada convencida y dedicada, hija amorosa, tía consentidora, madre orgullosa y enamorada de sus dos hijos, esposa felizmente casada con Andrés Revollo, a quien un día después de Navidad le dio un derrame cerebral que la tuvo en coma durante casi un mes, pero al despertar era otra per-sona. No solo desde el punto de vista físico, que es el menor de los cambios, sino, principalmente, en su forma de ver la vida, en lo que le importa y lo que no, y en su concepto de Dios.

Gran parte de conocer y reconocer a Ana María es vivir como una persona que depende: depende para moverse, para vivir, para tomar decisiones. Depender me llevó a entender quién soy como persona dependiente, valga la redundancia. Esta fue, sin duda, la lección de vida más complicada que enfrenté y que aun hoy, en menor escala, enfrento cada día.

Otro gran golpe contra el mundo fue percatarme de que conmigo o sin mí la vida seguía para todos. Eso me hizo entender por primera vez el concepto real de familia, porque para los únicos a los que mi enfermedad llegó como un golpe en el hígado fue a quienes la conforman; para el resto del mundo era una historia más de la que se habló, se comentó y se pasó al tema siguiente. Y no es un defecto de mis amigos, es la realidad de todos los seres humanos, y está muy bien que sea así, pues, como ya lo he dicho, este camino, el camino del alma, es individual, no es en grupo.

Todo aquello que en algún momento de mi vida valoré tanto, como mi profesión, mi grupo de amigos, mi estilo de vida, entre otras cosas, dejaron de tener la relevancia inicial. Y no me malinterpreten; amo mi profesión y tengo amigos del alma, pero en esos momentos me di cuenta de que en la esencia del alma esas verdades no existen. Entonces me pregunté: ¿todo esto para qué me pasó? Aunque al principio sabía que estar de regreso era mi responsabilidad, pues yo ya iba de salida para el paraíso y solita me devolví, las realidades de este plano humanizaban de nuevo mis dudas. Sentía rabia, frustración y tristeza muchas veces, pero en mis reflexiones no todo era malo. La vivencia, además de ser el resultado de mi libre albedrío, debía traer para mí enseñanzas y respuestas del alma, que de otra manera no alcanzaría.

Desde las cosas sencillas hasta más profundas, como creencias y verdades, cambiaron en mi vida y empecé a ver a la nueva Ana María. Decisiones que antes tomaba yo, ahora las toma mi marido. Atrás quedó mi temperamento impositivo y dominante. Ahora debía ser paciente y observadora. Ha sido difícil, pero no es para deprimirme.

Simplemente, lo he adaptado. Lo más importante en este proceso es entender el por qué y el para qué de lo que está pasando, porque todo tiene un motivo y una razón. Estoy convencida de esto. Además, entender las causas y los motivos de todo lo que hoy se me dificulta me ayuda a encontrar la manera de cambiarlo. Sin embargo, como ya lo he manifestado, mi pierna, por ejemplo, es un trabajo que yo asumí por la terquedad que siempre me ha caracterizado de volver a correr o morir en el intento, no porque una pierna tenga una importancia real.

Tal vez esa es una de las grandes mentiras con las que crecimos: que la enfermedad es mala, que los problemas y las dificultades son malas. Nos enseñan a pedirle a Dios que nos las evite, cuando en realidad son hermosas oportunidades de aprendizaje y crecimiento que el alma agradece mucho. Por eso, repito, si pudiera devolver mi película un par de días antes del derrame y evitar que sucediera, no lo haría. Nada de lo que me ha pasado en este tiempo lo cambiaría por nada del mundo, porque ha sido un gran proceso de creci-miento y de aprendizaje. Como en la canción de Coti, estoy convencida de que "nada de esto fue un error". La certeza que tengo de Dios, mi forma de analizar las cosas, por ejemplo, una pandemia, la muerte, los bienes materiales, el tiempo y el espacio, lo que realmente importa, la familia, entre otros, me han permitido conocer una faceta de mi personalidad. En este momento, me he conectado mucho más con mis hijos, he estado más presente y atenta de su crecimiento y avances.

Mi esposo viene de una familia muy católica, reza el Padre Nuestro con los niños, es un gran devoto de la religión, con creencias muy fuertes y arraigadas. Hoy tenemos visiones bastante diferentes de la vida y de la religión. Y a pesar de mis certezas y algunas miradas diferentes que he hecho de mis creencias, respeto sus más de cuarenta años de creencias religiosas. No puedo pretender cambiarlo y tampoco me interesa hacerlo, no estoy interesada en transformar la forma de ver la vida de nadie. Respeto cada proceso, cada creencia, cada vivencia y cada verdad, pero la Ana María que volvió tiene una mirada muy diferente de la religión. Respeto profundamente la de cada persona, para mí todas se quedan cortas al entender el amor de Dios.

Como lo escribí, cada proceso es diferente, propio y único, así que nadie tiene la verdad de nada, solo puede manejar su propia verdad, por eso no creo en leyes ni en verdades reveladas para todos los seres humanos. Tampoco intento generar con mi vivencia una verdad o un dogma, solo pretendo que conozcan mi experiencia para que la use a quien le sirva y a quien no que simplemente la deseche. La gente tiende a manejar verdades reveladas y eso es algo que no puedo cambiar, pero sí puedo respetar. La otra Ana María, la de antes del derrame, tal vez no lo hubiera entendido jamás, pues vivía creyendo que tenía la verdad revelada.

Lo que más quiero destacar de este proceso de renovación fue darme cuenta de que lo que me pasó sacó lo mejor de Ana María, y no lo peor. Estos golpes, que son lecciones necesarias, pueden sacar lo peor o lo mejor de las personas, y eso depende de uno, de nadie más. En mi caso, sacó lo mejor de mí, por mi propio mérito. Por asumir con responsabilidad que esto era algo que yo decidí, por entender que no tengo derechos adquiridos de nada en la vida, sino solo a saber lo mejor de cada experiencia y engrandecer el alma. No tuve ayuda psiquiátrica o medicamentos para la depresión para ver la vida de otra manera; todo este cambio se ha dado por convicción plena y total. Yo regresé a este plano porque así lo pedí, así lo quise. Es mi verdad y es una verdad que me lleva a moverme con la mejor actitud ante todo lo que se me presenta en la vida, con la certeza de que fue mi decisión y que por ello mis hijos no me deben nada. Sé que volví por amor a ellos y eso no significa que ellos no puedan cambiar de plano mañana o tomar decisiones que se alejan de lo que yo quiera. Esta fue mi decisión y, por lo mismo, solo yo respondo por ella.

Otro aspecto que se hizo notorio en el proceso de cambio de la nueva Ana María está relacionado con las emociones. Toda mi parte emotiva y emo-cional cambió con el derrame. Antes me costaba manejar ciertas emociones, incluso se puede decir que era fría para ciertas cosas. Ahora lloro y me río por todo. Es muy loco, no puedo evitar reírme a carcajadas ni llorar como una Magdalena ante las cosas más chiquitas o simples. Mis expresiones de sentimiento son absolutas, hasta tal punto que, si tengo dolor por algo, sea emocional o físico, lo disfruto, lo gozo, porque me hace sentir viva. Antes me quejaba, me amargaba. El dolor era motivo de drama. Ahora, no. Por eso veo este proceso como parte de salir adelante sonriendo, prestándole atención a todo aquello que antes daba por hecho y reconociendo la capacidad de mi mente y de mi cuerpo para hacer verdaderos milagros, sin creer en verdades absolutas de nadie, incluyendo los médicos.

Cuando vine a vivir a México, tenía una carrera consolidada y seré abogada toda mi vida, pero ahora no creo que esa vaya a ser mi opción para ganarme la vida. Dejar de ejercer como abogada no era una alternativa para mí hasta que la vida me mostró este camino. Ahora todo lo veo desde otro punto de vista. Tiene sentido lo que ha pasado en mi vida si lo miro desde la perspectiva del tiempo de calidad que he ganado con mis hijos, más allá de mi proceso de recuperación. La otra Ana María no hubiese visto eso, tal vez hubiera estado muy pendiente de mantener sus éxitos laborales.

La Ana María anterior era orgullosa. Yo me sentía la más berraca del planeta. Me frustraba cometer errores, caerme o que las cosas no salieran como yo las tenía pensadas. Todo eso me generaba malestar. Pero, como dicen, "Dios no castiga ni con palo ni con rejo", y me enviaron todas las pruebas juntas. Problemas de memoria, que era uno de mis puntos fuertes; se me complicó la visión del lado derecho, que no me permitió leer en un principio y que era un punto fuerte en mi carrera como abogada; dificultad para leer y mantenerme concentrada con una lectura larga, otra de mis fortalezas como abogada. Y si a eso le sumamos la dependencia en el desplazamiento, pues fue aún más difícil para mí. Todo lo que eran mis seguridades y certezas la vida me las quitó, todas al mismo tiempo; lo interesante es que no volvió una Ana María fiera o furiosa. Volvió un ser que no quería regresar a ser la persona anterior. Volvió una Ana María que asume esto con humor y aprendizaje, que se hace responsable por sus experiencias, que ve la disciplina como su mejor aliada, que entiende el gran proceso que es lograr los aprendizajes que el alma necesita y para quien Dios es una certeza y no una cuestión de fe. Esa es la gran diferencia de la Ana María de antes a la de ahora.

El proceso de reconocer a Ana María, con sus nuevos desafíos y en este plano, fue tal vez el reto más grande que enfrenté. Entender qué de esta nueva Ana María lo traía de la anterior y qué era producto del aprendizaje del alma no fue fácil y no fue rápido. Cuando fui consciente de todas las consecuencias físicas que le dejó el derrame a mi cuerpo, empecé a entender todo lo que hace nuestro cerebro por nosotros. Entendí que volver a caminar, leer, escribir, correr, bailar, recuperar mi normalidad física, dependía exclusivamente de mí; que las experiencias médicas eran limitantes y reprogramaban el cerebro para rendirse al darle plazos para conseguir sus objetivos. Que le ponían tiempo a la posibilidad de evolución de una enfermedad y la volvían verdad al ordenarle al cerebro que actúe de acuerdo con esa creencia y vivencia de los médicos. ¡Como si el cerebro siguiera sus órdenes y no las tuyas!

Tienes mil obstáculos de creencias de los demás que buscan convencerte de que algo no se puede, y son tus primeros monstruos por combatir. Para lograrlo, recurrí a mi fuerza humana y mi certeza de lo que vi, viví y sentí en el otro plano, para romper, entre otras cuestiones, los esquemas de las verdades de los demás, porque en más de una oportunidad me dijeron que tras el primer año del derrame, si no obtenía avances, especialmente con mi pierna, no lo iba a conseguir después. Entendía que sus aseveraciones vienen de su conocimiento y de su experiencia en otros pacientes, pero no de experiencias en su propio cuerpo o con la fuerza de su mente. Me di cuenta de que esas "verdades" médicas se volvían verdad por efecto de la convicción que producían en tu cerebro, no porque tu parte física realmente tuviera un periodo máximo para reaprender y regenerarse. Es decir, dejabas de tener avances porque le creías esa verdad a los médicos y el cerebro lo entendía como una orden. Esta verdad me tomó tiempo entenderla y dimensionarla. Recibir ese tipo de comentarios con plazos y fechas me generaba dudas e incluso me peleaba con Dios; era una lucha constante por creerle a mi cuerpo y su capacidad, o a los médicos y su experiencia. Pero si ellos mismos habían calificado de milagrosa mi rehabilitación y la respuesta de mi cuerpo al salir de coma, ¿qué otro tipo de milagros era capaz de hacer mi cuerpo con ayuda de mi mente?

Con esta pregunta en mi interior, empecé a oír a mi cuerpo, sus dolores, las informaciones y órdenes que no recibía de manera automática, y que me tocaba concientizar para hacerlas "manualmente" hasta que el cerebro volviera a adaptarlas como su normalidad. Con el tiempo, descubrí y me di cuenta de que tengo cambios todos los días, avances físicos que de pronto no son evidentes para todo el mundo, pero que para mí hacen la diferencia. Poder caminar, dar pasos firmes y sentir que hay avances es algo que nadie me lo puede quitar, ni el más eficiente de los médicos con sus afirmaciones o certezas. Los médicos hacen su parte, pero soy yo la que se juega su futuro, la mejoría y recuperar la calidad de vida. Soy consciente de que las fuerzas más grandes que tengo están en mi mente y en mi fuerza de voluntad. Si mi voluntad decidía que caminaba, el cerebro se iba a encargar de mandar la orden de alguna manera para lograrlo. No tenía ningún estudio que me permitiera saber esto que estoy diciendo, pero el poder de querer y creer era y es mi motor. Mi estado de consciencia en este plano se combinaba con conversaciones permanentes con Dios que me permitían entender mejor las cosas.

Debo decirles que una de las grandes enseñanzas que me ha dado el problema en mi pierna derecha es entender de qué estoy hecha. Me hubiera podido sentar a llorar y a pensar que se me acabó mi vida, pero no lo he hecho ni una sola vez. Todo lo que he vivido con mi pierna ha sido mágico, es fantástico. Lo que importa es ese pedazo de uno que no muere, ese pedazo que no duele, ese pedazo que no lastima, que no camina, que no ve. Yo le creo porque tuve a Dios al frente, entendí su energía y lo reconocí porque estaba y está conmigo. Entendí su lenguaje y aprendí a no cuestionarlo, a no creerme loca por sentirlo y por oírlo, porque todos tenemos esa posibilidad de comunicación con Dios.

Otro gran reto, tal vez el más duro, fue hacerles entender a las personas de mi entorno que mi voluntad y mi capacidad de decidir estaban intactas, en parte para que dejaran de tratarme con pesar y condescendencia. Tal vez, ese es uno de los retos más difíciles con el entorno familiar: la necesidad de protección de las personas hace que te traten como si no fueras capaz de avanzar. Ese trato, en vez de ayudarte, te llena de dudas e inseguridades; te hace pensar que no te están diciendo la verdad sobre tu estado de salud o sobre las posibilidades que tienes de avanzar o mejorar. Enfrentar esta situación, a partir del conocimiento que obtuve en el otro plano, se ha convertido en todo un reto: ellos tratan de negar mis verdades a partir de su educación; yo trato de mostrarles que sí se puede y que hay otras certezas posibles en este camino. Por mi personalidad, me ayudó mucho entender su condescendencia como un reto. Los retos son para mí como gasolina: me llenan de fuerza y ganas.

Hoy vivo con paz en el alma, no dejo que las pequeñas cosas me amarguen, vivo los recuerdos con mucha alegría y mucha paz, miro en perspectiva cada situación y cada enseñanza. Valoro a cada persona, acepto que está de paso en mi vida y aprovecho su amor y sus lecciones, no me desgasto en "por qué" ni me concentro en lo que no fue, solo aprendo y continúo. Son tiempos de enseñanza y lecciones de vida, pero, principalmente, son tiempos para tratar de entender todo lo que me está mostrando este proceso, qué es lo que debo aprender y cómo lo debo aplicar en los demás. Entiendo que compartir estas vivencias trascendentales es una parte fundamental de ese proceso; yo era una persona común y corriente, con una vida y una carrera muy exitosa como abogada y de un día para otro todo cambió, sin aviso, sin preámbulos. Y la vida no terminó ahí.

Este proceso de constante aprendizaje me ha hecho ver la vida de otra manera. Y sigo siendo feliz. De hecho, hoy, más que nunca, he puesto las cosas en su justa proporción y valoro lo que sí importa. Porque para mí ser feliz es una decisión. Puedo sentarme y lamentarme que no puedo correr, que no puedo bailar desde hace cinco años, que a veces me cuesta leer, pero yo decidí que esa no era mi opción y esto, mezclado con el tema del tiempo, que la única vivencia que procesas conscientemente cada vez es lo que se conoce como el ahora, me cambió la perspectiva de la vida, de lo que es bueno y de lo que es malo. Cuando la mitad del mundo está que se tira por una ventana porque no pueden salir a las calles por la pandemia, para mí es una maravilla, porque estoy con mis hijos, con mi marido en mi casa, recuperándome, hago galletas, pasamos tiempo en familia, vivimos lo que se conoce como el hoy y el ahora con intensidad. Y si quiero hacer ejercicio, lo hago en mi casa y soy feliz. En vez de buscarle los problemas a la vida, le busco oportunidades a cada situación. Ese es otro de grandes cambios que he notado en esta nueva versión de Ana María Botero: verle lo bueno a todo. Lo más raro para mí es darme cuenta de que entre más duro te da la vida, más se valora lo importante y no te amargas por bobadas.

Tal vez todo tiene el mismo origen, y es que la vida ya me mostró de frente que no sabemos hasta cuándo dura este plano, no sabemos qué tanto vamos a estar acá. No saben la felicidad al ver que mis hijos me necesitan hoy un poco menos que ayer, porque, me pregunto, ¿hasta cuándo estoy acá? No lo sé. Entonces, cada día que pasa y mis hijos aprenden algo nuevo, se vuelven más independientes, más tranquilos, es un triunfo enorme para mí. Es saber que tuve una oportunidad más para estar con ellos, una oportunidad más de estar en este plano y vivir al máximo esta experiencia con ellos, un rato más. Es entender que una pierna es solo eso, una pierna, y no puede definir tu felicidad. Eso, sumado a la berraquera que me tocó sacar de donde no la tenía, las ganas, agarrar el dolor y valorarlo y no llorarlo y tomar las oportunidades y aprovecharlas, y vivir el hoy y el ahora al máximo, hacen que la Ana María de hoy sea diferente. No la que le mostró al mundo que con su poder de convicción al hablar era una persona fuerte. La verdadera Ana María Botero, la que escribe en este momento estas palabras es la que le demostró al mundo de lo que es capaz y lo que le falta. Esa frase de tener la extraordinaria certeza de que todo saldrá bien para mí es una constante. Todo está bien y todo va a estar bien; lo que está pasando en este momento está bien. Esa es una certeza que hoy tengo.

En mi cambio de plano entendí mucho de mí misma. Entendí que mi fuerza estaba ahí desde siempre, que la había desarrollado a lo largo de mi vida y que, aunque en mi proceso de aprender la había utilizado para cosas inservibles o negativas, eso había forjado el aprendizaje que hoy me daba todos los argumentos para no rendirme en este nuevo reto. Entendí que mi vida era mi decisión y que asumirla como una oportunidad y no como una desgra-cia también era parte de mi libre albedrío y de mi fortaleza. Conocí una versión de Ana María que no había conocido: la mujer frágil que se ha caído mil veces y que se caerá mil veces más, pero al mismo tiempo la mujer fuerte que tomó la decisión de hacerse cargo de su futuro en este plano y no sentarse a esperar milagros ni a llorar por lo que pasó. La mujer que se hizo responsable de su compromiso con Dios para volver a este plano y asumir su proceso con una sonrisa. La mujer que siente amor profundo por aquellos a quienes ama y que no se detiene en sentimientos nocivos por nadie. La persona que agradece las lecciones y los maestros que me pone la vida enfrente, aunque sienta ganas de ahorcarlos a cada rato.

Esas vivencias del otro plano me hicieron entender muchos aspectos de mi personalidad y la necesidad de verlos desde el amor. No menciono el perdón ni ningún otro tipo de sentimiento, porque para mí todos son versiones diferentes de la misma fuerza creadora que es el amor. Junto a esa anécdota de la clase de gimnasia, en la que por intentar saltar una barda terminé en el suelo y muchas personas se rieron de mí, vi varios momentos en mi vida que me habían generado miedo, inseguridad o sentimientos diferentes al amor, amor necesario para poder abrazar a esa Ana María niña y retomar cada mal momento y convertirlo en amor puro, que es, al final, el único idioma que habla Dios.

Cada persona tiene su papel en este plano y es posible de esa manera lograr el acercamiento a la calidad de amor que necesitamos. Sería muy fácil amar solo a aquellos que nos dan o se portan bien con nosotros, pero eso no es amor real, eso es una respuesta natural a un estímulo básico. Amor real es amar a aquellas personas a quienes nos cuesta amar, a quienes nos ponen a prueba, a quienes dificultan nuestra vida, a quienes quisiéramos sacar de nuestro mundo. Ese es el amor al que tenemos que llegar. Si el mal no fuera una opción, el libre albedrío no podría existir y todo nuestro paso por este plano no tendría sentido.

DISCIPLINA, CONVICCIÓN Y EJERCICIO

Cuando miro un poco hacia atrás y pienso en cómo inició esta locura, me acuerdo de tres pilares básicos que me han permitido tener los resultados casi inesperados que he logrado en mi empeño por recuperar la normalidad.

La convicción: el secreto para resolver y el secreto de mi éxito. Generar endorfinas por el ejercicio. Yo sé que lo único que me saca de esa sensación de "no quiero", "no puedo" o "me cuesta" es hacer ejercicio, mi mejor aliado. He descubierto que gracias a este mi estado de ánimo mejora; cierta nostalgia o tristeza que a veces están latentes desaparecen.

El ejercicio ha sido mi gran aliado en este plano. La disciplina ha hecho la gran diferencia en este proceso. Cada día, cuando amanecía, no me daba el lujo ni de preguntarme si iba a hacer ejercicio o no. Era un hecho que iba a hacerlo. No me daba la opción de evitarlo porque sabía las consecuencias que podía tener. Con dolor, con tristeza, con cansancio y como fuera, no hubo un solo día en que no hiciera lo que me tocaba hacer por mi pierna. ¿De dónde saqué esa disciplina? De convencerme: desde el primer día que volví del coma supe que caminar de nuevo dependía de mí. Nunca me di la oportunidad de pensar en la opción de no pararme al gimnasio, o a la piscina, o a la terapia de robótica. Decidí que mi gran trabajo era recuperar mi normalidad lo más pronto posible y la vida me enseñó a tener paciencia, esa paciencia a la que hacían referencia los médicos todo el tiempo. La gran diferencia es que yo tenía el control del proceso, aunque al principio actuaba como un autómata: movía la pierna de la manera indicada, las veces que fuera necesario, estiraba como me lo indicaran, y listo. Me tardé un buen tiempo en reconocer la fuer-za y el poder de mi mente. Darme cuenta de que, si de manera consciente yo le daba la orden a mi cerebro de realizar un movimiento, este movimiento se hacía, me llevó a reconocer el poder de mi mente y de mi voluntad. El reto era lograr que el cerebro recibiera las órdenes de manera automática. La forma de lograrlo era una mezcla de convicción, repetición y vencer los nuevos miedos creados.

Recuerdo que cuando salí del hospital y empecé mi recuperación, llegué a pensar que en un año vería grandes avances y el problema de mi pierna estaría resuelto. Pero la vida me enseñó que no es cuando yo diga, es cuando yo lo trabaje y el cuerpo tenga la opción real de regenerarse. Lo que aprendí de mi cuerpo fue mágico: su capacidad de regeneración, su capacidad de aprender, su capacidad de renacer, como el ave fénix. La disciplina se convirtió en el gran secreto para volver a tener una vida normal, los avances dependían de mi disposición y fuerza de voluntad para hacer lo que tenía que hacer. Parte de esas convicciones era filtrar o dudar de las opiniones y sugerencias de los médicos. No acatar algunas de sus recomendaciones, más allá de los conflictos que eso pudiera generar en la relación especialista-paciente, era mi nuevo plan de acción. Entiendo que los médicos tienen una misión y una especialidad y se concentran en lo suyo, en hacer su trabajo de la mejor manera. Pero en to-do este proceso aprendí a escuchar mi cuerpo y ver cómo me obedece cuando me dedico de lleno a trabajar lo que necesito. Yo puedo oír todas las opiniones de los médicos, pero ellos no pueden tomar las decisiones por mí. Decirlo se lee sencillo, pero no es fácil tomar una decisión que puede poner en riesgo un proceso de mejoría. En este punto yo decidí asumir todas las consecuencias de oponerme a varias sugerencias médicas, como una tercera dosis de toxina botulínica, para una persona que no experimenta lo que yo vivo todos los días es fácil opinar o sugerir, pero la única persona que sabe realmente lo que le pasa al cuerpo soy yo, y por eso la convicción es parte esencial en este proceso. La disciplina es fundamental; el ejercicio parte esencial para lograrlo, pero ante todo la convicción. Yo no puedo dudar en la toma de decisiones. Cada paso que doy, cada nueva iniciativa corresponde a escuchar mi cuerpo y asu-mir con responsabilidad lo que decido para él.

Las decisiones que yo tomo sobre mi pierna y su proceso corresponden a lo que yo oigo y percibo de ella. Nadie mejor que yo puede hacerlo. Es mi cuerpo y lo que mi cuerpo dice es lo que yo debo asumir. Aprender a escucharlo y asimilar cada mensaje me hizo entender también que el proceso de mejoría solo dependía de mí. Una reacción fácil o entendible en este tipo de procesos de recuperación es trasladarles la responsabilidad a los médicos. Yo perfectamente pude haber tomado ese camino desde el primer día que salí del hospital y convertirme en una persona dependiente para todo y decir a los cuatro vientos que el médico me diagnosticó mal y que por su negligencia estoy postrada en una cama, pero esa no era una opción para mí. Eso no estaba entre mis planes. Tal vez de mis aprendizajes más importantes para la vida que he obtenido a raíz de mi ACV ha sido entender que las órdenes de mi cuerpo las da mi cerebro y que al cerebro las órdenes se las doy yo. El efecto placebo que nos han generado durante siglos es el peor aliado de cualquier recuperación, pero de eso hablaré más adelante.

Cuando yo iba a hacer el cambio de plano, sentía que mi cuerpo me estaba abandonado. Como me devolví, yo tomé la decisión de volver, tenía que decirle a mi cuerpo: "Acá estoy, vamos a recomponer todo lo que necesita ponerse en orden". Es palabras más, palabras menos, la orden que debía darle para que todo empezara a recomponer su andar, especialmente la pierna. Me llamó la atención cuando fui al bioenergético de toda la vida y me dijo que mi energía estaba vibrando en una frecuencia más alta. Sus palabras textuales fueron: "Tienes el aura enorme, la tienes volando, ¿qué pasó?". Para el momento en el que él me preguntó esto ni siquiera se notaba mi cojera porque estaba sentada. Me llamó la atención que él me dijera eso, porque yo sí siento que mi aura, mi energía cambió, sus palabras corroboraron algo que no era parte de mi imaginación y que corresponde a eso de saber oír al cuerpo. Esa gran ola de energía de amor puro que necesitas para acceder a Dios es la causa de todo esto. Hasta cuando el bioenergético no lo mencionó, no me di cuenta de esa frecuencia en la que estaba vibrando, aunque sí sentía mi energía muy diferente.

Hubo un detalle adicional en esa visita al bioenergético que me hizo entender mucho más la nueva dimensión en la que estoy tras varios años de recuperación del derrame. En un momento de la conversación, él me contó que había tenido un accidente y que todavía le dolía la zona del esternón. Ni bien terminó de decirlo, inmediatamente empecé a sentir dolor, no era un dolor que me generara angustia o malestar, pero sentía su dolor en el esternón. En un momento dado, pensé que era parte de mi imaginación, pero he entendido, por otras experiencias, que se me han despertado algunos dones o sensaciones para valorar el dolor, experimentarlo y entender mejor lo que me sucede.

Recuerdo que cuando yo era chiquita alguna vez mi papá me dijo que yo tenía la fuerza de voluntad sin estrenar. Esas palabras me dieron el impulso para volverme disciplinada, el gran secreto de mis avances. Para mí, la única forma de vivir es esa: disciplina. A la disciplina le he añadido con componente esencial que hace que este proceso, además de exigente, fluya de forma armónica: disfrutar lo que se hace sin quejarme del dolor, sin quejarme de mi situación y mucho menos lamentarme. El dolor es bueno porque me recuerda que estoy viva en este plano, así que lo valoro. Si el cuerpo no funciona bien, no te cansas, así que valoro incluso el cansancio que produce el esfuerzo físico, porque sé que están pasando cosas en mi cuerpo.

EL CEREBRO ES EL JEFE Y EN EL CEREBRO MANDAS TÚ

Si algo me ha enseñado mi proceso es que durante toda la vida nos han programado el cerebro para no poder, para encontrar limitaciones, peros, problemas, verdades absolutas, palabras inobjetables y diagnósticos que creen ser la verdad revelada. Y si algo he encontrado yo son excepciones a las verdades médicas de muchas personas que he conocido en este proceso. He encontrado afirmaciones tan fuertes como: "Es que yo no voy a poder caminar porque enfermarme fue mi culpa por tomar trago", o "yo no puedo dormir porque como durante tantos años abusé de un medicamento, mi cerebro ya no duerme bien". Miles de afirmaciones parecidas llevan a las personas a rendirse, porque están convencidas de que su estado de salud de alguna forma se lo buscaron. En este tema he entendido cómo funciona el efecto placebo; de la misma forma en que te puedes mejorar de una enfermedad simplemente porque tu mente está convencida de que te están dando un medicamento que le quita sus dolencias, también te pueden convencer de lo contrario: pueden hacerte creer que tu cuerpo va a tener una reacción determinada para una enfermedad específica y, como te lo explican como una verdad que no admite cuestionamientos, al final lo que pasa es que tu cerebro se cree eso como una verdad. ¿Qué pasa si por una vez cuestionamos esas verdades y empezamos a confiar en la capacidad de nuestro cerebro de regenerar la normalidad en nuestra vida? De la misma forma en que con un placebo hacen creer a nuestro cerebro que está recibiendo la información para curarse, aunque las sustancias que recibe sean solo caramelos, podemos enviarle la información constante de lo que sea que esté dificultando su proceso. Nos han convencido durante años de verdades sobre enfermedades, ¿por qué esperamos un milagro si el milagro lo podemos hacer nosotros?

Estas reflexiones me llevaron a buscar las reacciones de mi cuerpo a diferentes estímulos o solicitudes de mi cerebro. Pensé que mi cuerpo había recibido estas órdenes automáticas durante más de cuarenta años, así que tenía que poderlas recordar. Decidí reprogramar mi cerebro. Empecé con cosas muy básicas como "levanta la pierna". Empecé a ver que si me concentraba en la orden que le estaba dando, mi pierna se movía para donde yo quería que lo hiciera. Ahora en lo que trabajo es en lograr que esas órdenes lleguen de manera automática, para que caminar sea algo natural y seguro.

SÍ SE PUEDE

Mis piernas han sido muy útiles para mí. Yo corría en las competencias de la Unión de Colegios Internacionales, Uncoli, jugaba básquet, bailaba como loca y era bastante ágil. Ni en mis peores pesadillas me habría imaginado no tener movilidad de mi pierna o tenerla limitada. Es una de esas cosas que das por sentadas y ni por un instante te preguntas qué pasaría si te faltaran.

El tema acá, en lo que quiero hacer énfasis es en que sí se puede, de eso se trata el libro, de mostrar que ante las adversidades se puede salir adelante y, sin duda, se sale fortalecido en lo que importa.

Con el tema del Covid-19, veo a una cantidad de gente que va a necesitar psicólogo. Y cuando uno averigua qué pasó o qué es lo que está pasando, porque la gente vive atemorizada o angustiada, la verdad no pasó nada dife-rente a tenerse que enfrentar a sí mismos. Ni la muerte es una novedad, ni la enfermedad es una novedad, ni el hecho de que nadie se muere antes de que le toque es una novedad.

Lo que ha sido una novedad es haber enfrentado al ser humano a la necesidad de mirar sus realidades a la cara, de entender que todo lo que proclama es mentira, que sus matrimonios perfectos no existen, que todas aquellas cosas que no han querido enfrentar le están explotando en la cara. Y esto es producto de mirar la vida hacia afuera, y no hacia adentro, de vivir buscando aprobación, en vez de felicidad.

Esa lección que me estalló a mí en la cara, a la autosuficiente e inde-pendiente Ana María, fue un golpe enorme al ego, pero me obligó a demostrarme de qué estoy hecha y qué es lo que importa. Me obligó a mirar para adentro, a entender qué es lo que quiero lograr en mi vida y en dónde pongo el alma y en dónde el ego. Ese aprendizaje, que de pronto de ninguna otra manera lo habría tenido, es un regalo del cielo. Es lo que hoy hace que, sin lugar a duda, yo no quiera cambiar lo vivido para recuperar mi normalidad de movimiento si me tocara escogerlo.

Cuántas personas trabajan en el alma, en entender los miedos, los aprendizajes y las situaciones que nos plantea la vida. Hay mucha gente que en algún momento va a tener que enfrentarse a sí misma, y eso no es fácil. Claro, con el concepto de muerte que nos han enseñado es normal que para las personas todo lo que se ha vivido en el mundo con la pandemia sea terrible, doloroso, pero ninguna de las personas que han muerto por Covid-19 lo ha hecho antes de que fuera su momento. Era su momento, la pandemia no aceleró su muerte. Me dirán que murieron más personas de las esperadas. Así es. De las esperadas por la lógica humana con sus números. No es la primera vez que pasa y no será la última. Es un tema de aprendizaje individual que solo entenderemos cuando estemos en el otro plano.

La persona que se enfrentó a ella misma y no le gustó lo que vio debe tomar acciones. Todos tenemos momentos difíciles, a veces la vida nos muestra que nos cambiaron las reglas del juego y tenemos que hacer algo al respecto. El punto central acá es: no te sientes a esperar a que la vida lo haga por ti; si hay un problema, resolverlo depende de ti.

Mi gran fortaleza viene de un dios, de un dios diferente al que me enseñaron, al que me habían vendido en la religión. Ese dios que yo vi es mil veces mejor, no les quepa la menor duda. No es ese ser que está esperando a juzgarte con una escala de pecados.

LA MUERTE Y LOS OTROS

A raíz de lo que me pasó, he tenido contacto con muchas personas en diferentes estados o procesos de enfermedades complicadas o terminales, personas quienes, en algunos casos, se aferraban a dolores o malestares espantosos, pero estaban aferrados a la vida por miedo. Algunas hicieron cambio de plano después de que hablé con ellas.

He podido compartirles mis impresiones y conclusiones sobre el tema de la muerte, un aspecto inevitable de la vida al que la gente le tiene temor y por ello evita hablar del tema. Basta con ver la actitud de las personas frente al duelo, quienes utilizan los atuendos negros y muchas veces los mantienen durante años. Cuando esto ocurre, me pregunto si la persona que asume un duelo de años creía que su familiar era inmortal. ¿Por qué asume la posición de tragedia ante lo único que no es una sorpresa o un castigo o mala suerte de las personas? Cuando veo a enfermos en fases terminales luchando contra la muerte, buscando mantenerse en este plano a toda costa o que ven en la muerte una muy mala noticia, intento decirles, por mi experiencia, que la muerte es algo inevitable que nos pasará a todos, solo que no sabemos cómo y cuándo sucederá, pero que es algo hermoso porque finalmente accedemos a Dios.

Hace un tiempo empecé a saber de personas que estaban enfermas y, de repente, se me ocurrió pedir sus teléfonos para hablar con ellas. Personas de la familia con quienes no hablé por años. Les preguntaba por su enfermedad y, por alguna extraña razón, empecé a interactuar con algunos que estaban padeciendo el cáncer. Los demás nunca les hablaban de la muerte y sí les decían que se iban a curar a pesar de que sabían que en el punto en el que se en-contraba el cáncer eso no era una opción. Les mentían descaradamente, por-que preferían mentir que enfrentar la realidad de la muerte. Así, me di cuenta de que es una norma social negar la muerte, no hablar de ella de frente, como si fuera grosero sugerirle a alguien que está en proceso de dejar su cuerpo y volver a casa. Yo hablo de la muerte de frente. Les digo que la enfermedad puede ser la forma que encontró su alma para llevar a cabo el cambio de plano y les cuento mi experiencia sobre lo maravilloso que es volver a casa cuando sea el momento de tu alma de hacerlo. Mi interés en esto es que pier-dan el miedo a aquello que no solo es inevitable, sino que es maravilloso. Ese contacto con personas enfermas es interesante, porque he tenido la oportuni-dad de hablarles de mi experiencia, de mi paso por el otro plano, de entender los miedos que tienen por las creencias que les han inculcado y darles un poco de paz en lo inevitable.

Muchas veces, cuando alguien enfermo encuentra a una persona que les habla de la muerte como lo que es, algo natural, algo tranquilizante, que no es mala y que es hermosa, toma el asunto de otra manera. La gente agradece la sinceridad con la que se aborda el tema, porque llevan días, meses, esperando que alguien les hable de la muerte. La persona que está enferma no está loca, sabe que algo pasa, pero los demás creen que lo correcto es negar. El enfermo necesita a alguien que le hable con la verdad y si les digo que tuve una expe-riencia al otro lado, lo toman de mejor manera. Les reconforta saber que co-nocí a Dios, que Él es una realidad, que Él sí existe.

Hace un tiempo murió una tía que estaba en proceso durísimo con un cáncer terminal. Me alegré mucho con su cambio de plano, porque aprendió todo lo que su alma requería con la enfermedad, dejó de sufrir y volvió a su casa con el deber cumplido en este plano.

Tengo otra prima que tuvo un cáncer de seno muy fuerte. La primera vez que hablé con ella abordamos el tema de la muerte. Ella no tiene ni cuarenta años y el cáncer la agarró con dos hijos chiquitos. Me contó que tenía miedo por ellos. Recuerdo que le dije que ella era la dueña de su cuerpo, que ella mandaba sobre este y que dependía de ella salir adelante de ese proceso. Los médicos son un gran apoyo, pero no depende de ellos la salvación. Depende de la actitud que le ponga al proceso y también del tiempo que le falte a su alma en este plano.

Le reiteré a mi prima que ella salía adelante de ese proceso si ella quería dar la lucha y si no luchaba podía ser porque su alma lo estaba pidiendo así; por lo tanto, no era un error. Le dije que dejara de lamentarse y que tenía que demostrarle al mundo de qué estaba hecha. Para ella fue revelador, fue otro universo. Entendió que se estaba jugando su vida, pero no con miedo, con berraquera y la convicción absoluta de que se estaba jugando su bienestar en este plano. Un primer cambio necesario era dejar de pobretearse y sacar adelante lo que dependía de ella. Que mostrara su berraquera, porque la pobrecita no la llevaba a ningún lado. Recuerdo que hablamos mucho, todos los días. Le reiteré que lo que pasara con su proceso dependía de ella, no de los médicos. Le pedí que tomara decisiones desde su alma, porque el alma no se equivoca.

El día que la declararon en remisión, hablamos y celebramos su recuperación. A los enfermos de cáncer, cuando los declaran en remisión, significa que las quimioterapias terminaron y que pasan a una etapa de control y de rearmar su cuerpo, que siempre queda afectado con el tratamiento. Cuando son declarados en remisión, les hacen una fiesta en la clínica. Recuerdo que ella se quitó su peluca y mostró su pelo corto, orgullosa de su proceso. Me dio gusto saber que mis palabras le ayudaron. La enfermedad todo el tiempo nos enseña, por eso reitero que es una gran maestra. Mi prima es consciente de que el cáncer puede volver, pero este proceso fue un gran entrenamiento para su alma.

MI CONCEPTO DE DIOS

En este camino que he recorrido desde hace más de cinco años, recordé una frase que solía escuchar de niña en mi entorno familiar: "El que no ha visto a Dios cuando lo ve se asusta". Nunca entendí realmente qué significaba esa frase. Nunca pude concebir a Dios como un generador de miedo o susto. Y luego, después de vivir mi experiencia en el otro plano, entiendo claramente el concepto.

Cuando nos han vendido un Dios que castiga, que juzga, que tiene conceptos humanos del bien y del mal y estamos esperando encontrarnos con ese ser, su amor total y absoluto, su energía clara y sin juicios, su centro en el aprendizaje y en el crecimiento del ama son tan destellantes y hermosos, que hasta que no estamos ahí no dimensionamos su amor y su grandeza. Pensaba en mi experiencia, en lo que viví en el otro plano, y también me costaba racionalizar todas esas certezas que en mi alma ya estaban claras, por eso siempre he hablado de mi vivencia como "mi experiencia".

No puedo saber si mi vivencia vaya a coincidir con la de otras personas cuando se encuentren regresando a casa, no puedo saber si lo que experimenté es solo mi parte del aprendizaje que seguía, no puedo estar segura de que esto sea la verdad para todas las almas en el momento de cambiar de plano. Sé que cada alma es única, porque desde el momento en que nos separamos de Dios para aprender y poder volver a casa definitivamente nuestro libre albedrío ha estado funcionando sin descanso. Salimos iguales, del mismo origen, pero la posibilidad de decidir libremente los aprendizajes del alma hace que ya ninguna sea igual a otra. Todas recuperarán su calidad de idénticas el día que, como ya lo he dicho, volvamos a nuestra esencia, al amor total.

Recuerdo que un día una persona me preguntó por qué me refería a ello de esa manera, si mi intención era no entrar en controversia con los demás, con sus creencias. Por primera vez, entendí que la razón era más simple: porque cada experiencia es única. Cada persona está en momentos, aprendizajes y motivaciones diferentes. Lo que no es diferente, jamás, es el amor y la grandeza de Dios en todo este proceso. Las que hoy son mis verdades no lo fueron antes y la fuerza y la energía que me maneja hoy no era la de antes. Por eso no dejo de ver este proceso como una bendición, una gran oportunidad de aprendizajes del alma y una certeza de la existencia de Dios. ¿Qué puede haber de malo en eso?

MI CONCEPTO ACTUAL DE DIOS

Dios es una constante, es un permanente, siempre está ahí. Es una energía, no tiene cuerpo. Él es un todo que se resume en amor, todos llegaremos a ese nivel de ser amor puro y en ese estado lograremos acceder a Él.

Hay muchos seres que se presentan en tu vida para ayudarte en momentos difíciles, como aquel que se aparece justo cuando te quieren robar y luego desaparece y no lo vuelves a ver; en mi concepto, estas personas son los ángeles: seres que te acompañan en el cambio de plano, como Jesús, Mahoma y otros seres de luz, incluso muchas personas en este plano que actúan como ángeles sin saberlo. Como lo escribí, toda mi comunicación con Jesús se entiende porque ese ser me producía paz en ese momento. Si yo fuera musulmana, es probable que el ser que se me presentara fuera Mahoma. La razón, como yo la veo, es simple: el cambio de plano es algo que no entiendes de una, es algo que pasa después de que ya has experimentado vivencias derivadas de medicamentos, es algo que ni entiendes cómo llegaste allá ni tienes claro que te estás muriendo.

Si no tienes a alguien que te resulte familiar, entender el cambio es bastante difícil, como en la película Ghost, cuando Patrick Swayze es asesinado y no sabe que murió hasta que no ve su cuerpo tirado en el piso y a su esposa llorando. Creo que ese proceso de cambiar de plano necesita esa compañía para entenderlo y poderlo asimilar. Para mí, Jesús es uno de esos seres de luz que te ayudan en el paso, pero Dios es otro concepto, es un todo, es una constante, un presente permanente. Amé a Jesús antes de conocerlo y lo amo más ahora. Conocí su amor profundo y su compañía en esos momentos. Es un ser que vivió en este plano, pero no por ser Dios, que al final todos contenemos a Dios en nuestra esencia, sino que fue nombrado para ayudar a la gente en su tránsito por este plano. Seguro me tocó Jesús, porque nací en Colombia, pero son diferentes representantes de Dios en la tierra ayudando a la gente en el tránsito en este plano.

De hecho, Jesús me lo dijo, por eso tengo tanta convicción en lo que estoy escribiendo. Jesús me dijo, literalmente, "yo no soy Dios" cuando le pedí volver sin daños físicos y me aclaró que Dios me lo había concedido. El Jesús que vi siempre estaba vestido de azul, con una túnica, de pelo largo crespo, con barba, flaco, una persona de unos treinta años. Me marcó mucho haberlo visto. Estaba vestido de azul. Hablaba con él en mi lengua; no recuerdo la voz. No vi a la virgen María y eso ha sido un interrogante, porque yo fui mariana y el que me conoce sabe que yo llevaba una medalla de la virgen; parte de venir a vivir a México era saber que estaba cerca de la virgen de Guadalupe. No la vi quiere decir que no la sentí en el proceso.

Cuando algo ocurre todos queremos meter a Dios en el problema. Todos metemos a Dios en nuestras decisiones, le adjudicamos nuestros aciertos, le reprochamos nuestros errores y esperamos que las cosas ocurran de la manera en que nosotros queremos, pero invocamos a Dios para que se haga nuestra voluntad. "Dios mío, que se mejore la salud de Pepita" y completamos la frase con "hágase tu voluntad". ¿Al fin qué? ¿Lo que quieres es que se haga la voluntad de Dios o que se mejore la salud de Pepita? ¿Quién te dijo que esas dos solicitudes coinciden necesariamente? ¿Quién te dijo que tu concepto de "lo bueno" coincide con el concepto de Dios? Somos bastante presumido si creemos que nuestro concepto de lo bueno coincide con el de Dios. La incoherencia de los seres humanos les produce sufrimiento y frustración, y ninguno de esos dos sentimientos proviene de Dios.

Soy una convencida de que tenemos que dejar de asignarle a Dios las consecuencias de nuestras decisiones. Para darles un ejemplo: el coronavirus existe como consecuencia de un humano que se puso a jugar con algo que no debía. No es algo de Dios. No se lo envió Él a nadie. Las decisiones humanas y sus consecuencias son eso, humanas. Me cuesta trabajo entender que todo lo que no tiene una explicación racional hay que cobrárselo a Dios. La gente necesita creer en lo que le vendieron, de lo contrario, la domina el miedo. No hay forma de convencerlos de lo que viví, tampoco me interesa convencer a nadie. De hecho, yo lo creo hoy porque lo experimenté, pero de otra manera es muy probable que no lo hubiera creído nunca. Por eso repito constantemente que yo no pretendo convencer a nadie, solo cuento mi verdad.

En mis constantes peleas con Dios por lo que yo consideraba su traición, empecé a tener respuestas muy claras de cada dificultad, de cada problema y de cada enseñanza. Me quedó claro que el poder estaba en mí. Que Dios me había dotado de capacidad, fuerza y voluntad. Que mi cerebro era una máquina manejada por mi alma a la que iba a tener que reeducar y que cada situación difícil solo me preparaba para la siguiente. Recordé que yo es-taba de regreso, por mi propia voluntad, no como un reproche sino como una concientización de que, si mi poder le había permitido a mi alma volver, también le daría la fuerza para asumir y afrontar esto.

Dios me mostró que no somos títeres en sus manos, sino grandes seres que estamos trabajando por regresar a casa y que somos parte de su grandeza. A raíz de eso, cuando veo gente lamentando la muerte de otros, entiendo la incoherencia y el miedo absurdo que nos inculcaron. Él no me mostró la ver-sión religiosa de castigos y premios, sino la gran capacidad de nuestra alma, más allá de lo evidente. Me dejó claro que el poder estaba en mí y que yo de-cidía si aprovechaba la oportunidad o desperdiciaba este tiempo extra para acelerar el proceso de reencontrarlo.

Empecé a ver las oportunidades en cada momento difícil y entendí que mi alma había cambiado definitivamente. Vi y palpé el miedo de las personas a lo que no conocen y entendí lo mucho que había cambiado mi vida: el miedo dejó de ser una variable en mis decisiones. Entendí, por primera vez, el papel real que Él juega en mi vida y muchos mitos dejaron de ser verdades. Entendí el significado real de la frase "Dios es amor" y todas las tonterías de manipulación se empezaron a resquebrajar por sí solas. Comprendí claramente que todo lo que ocurre siempre está bien, pues son aprendizajes que tu alma solicita, aunque tu fragilidad humana a veces las vea como castigo o malas vivencias. Aprendí que esos conceptos como castigo, pena, obediencia y sufrimiento son totalmente humanos y muchos los utilizan como una forma de manipulación. Entendí que no tienes que cumplir las reglas de nadie diferente a las de tu propia alma, que pide a gritos volver a casa y que de ti depende qué tanto se tarde ese reencuentro y qué tan complicadas sean las enseñanzas que requieras. Entendí que todo se trata de entender, pensar, sentir, actuar y recrear el amor puro, sin importar a quién.

Aprendí que lo que vine a aprender en este plano lo he decidido yo, pero no lo recuerda mi mente, aunque mi alma tenga la información. Suelo decir que el derrame, al final, fue una bendición. Todo lo que nos pasa en este plano lo escogimos y lo necesitamos. No es apostarle a la mejoría de una pierna, que al final, es una herramienta temporal y efímera, le estamos apos-tando a una evolución del alma que es la meta.

Yo nací y me educaron católica. En mi creencia y con la que me ha tocado pelear muchas veces, me enseñaron que todo lo que pasaba era la voluntad de Dios. Que las decisiones venían de Él, con premios y castigos; que parte de la salvación o la perfección del alma se daba en la medida en que superamos esos retos. Desde pequeña, me dijeron que tenía el tiempo que Dios me dio de vida para hacerlo bien. Con esa información, con todo lo que me ense-ñaron, yo sentía que me estaba jugando la vida y la eternidad a los cuarenta años por un ser que me juzgaría por lo que aprendí o lo que hice. Que ese ser me había entregado diez mandamientos y que de su cumplimiento llegaría al cielo. Valga decir que no tengo nada en contra de ninguna religión. Todo aquello que te haga más feliz y te llene más de amor, es muy bienvenido. Simplemente, hoy mi visión de la grandeza del amor de Dios sobrepasa cualquier creencia religiosa.

Cada creencia se adapta a vivencias humanas. Es como que, para aprender de matemáticas, empezamos por sumas básicas y vamos incrementando su dificultad, hasta que podemos llegar a ecuaciones muy complicadas. Si no empezamos por uno más uno, es posible que nunca lleguemos al cálculo numérico. Sin embargo, las matemáticas llegan lo lejos que tú quieras llevarlas y su límite es el infinito. De alguna forma así es Dios. Es un amor infinito y cuando lo conoces, ya no te sirven las simples "sumas", ya esa verdad no se te acomoda. Eso pasó conmigo. Experimentar Su grandeza hizo que ya las otras visiones no lo definan para mí.

¿Por qué esperamos que las soluciones caigan del cielo? Los seres humanos debemos aprender y entender que la solución a los problemas y las dificultades depende de nosotros, no es un tema de Dios. Debemos entender que nos estamos jugando el alma y que eso es lo que importa. Que lo físico es un instrumento, pero que se deja acá.

Las vivencias que volvemos verdades y el hecho de creernos con la información y la capacidad de juzgar demuestran un poco esas verdades humanas que le adjudicamos a Dios, hasta el punto en que nos otorgamos el derecho, desde nuestra vivencia, de definir cómo opera su "perdón", en qué consiste "perdonar", a quien perdona Dios y de qué manera. Ni siquiera conocemos su esencia real y hablamos en Su nombre. Lo que yo viví me mostró un Dios que es amor puro, que no habla de perdón, sino de aprendizaje y que no lo visualiza como un "homenaje" a Él, sino como el tránsito natural de tu alma. Una energía perfecta, a la que no hay que rendirle culto, sino entenderla como un punto de llegada, en un proceso en el que siempre nos acompaña.

Los humanos hemos generado leyes que, a través del miedo, lleven a las personas a cumplir con unas normas. En mi experiencia, Dios no tiene nada que ver con miedo, ni con culpa, ni con rituales, ni con verdades humanas acomodadas con el rótulo de la palabra Dios, para imprimirles a los actos y castigos humanos un falso criterio de que se habla en Su nombre o se imponen Sus reglas. Nada más lejos de la realidad que yo experimenté. En mi vivencia, como ya les he comentado, Dios es un ser de amor puro y absoluto. Que no ha entregado su franquicia a nadie y que nos habla constantemente. No usa intermediarios ni ritos humanos para contactar a sus hijos y no lo mueve nada diferente al amor; que sabe que estamos aprendiendo y que la prontitud del regreso a su lado, a casa, depende de decisiones propias garantizadas por el libre albedrío. Está tan clara su esencia que si tus creencias te intranquilizan, ahí no está Él.

Dios, ese ser que era un mito, hoy es para mí una certeza. Antes, como cualquier persona creyente, tenía fe en la existencia de Dios y lo imaginaba como me lo habían enseñado: un ser todopoderoso, que era puro amor y pura justicia, pero en el sentido humano de lo que es justo y lo que no. Un Dios responsable de juzgarnos y decidir nuestro premio y nuestro castigo. Un Dios para quien todos los errores que habías cometido se olvidaban si te arrepentías de lo "malo" que habías hecho. Mi experiencia con Él fue y sigue siendo tan distinta hoy en día que rompe los esquemas de lo que yo conocía.

Lo que he visto es que la justicia en el concepto humano es relativa. Es bastante fácil descubrir esa relatividad. La forma en la que juzgamos lo que pasa es diferente si en el mismo hecho somos las víctimas o los victimarios. Cada uno con sus verdades absolutas define lo bueno, lo malo, lo feo, lo aceptado por Dios y lo imperdonable, y cree que la forma en la que piensa es la forma en la que piensa Dios. Basándose en libros, creencias o vivencias, para explicar, como una verdad incuestionable, cómo piensa Dios, se adjudican ser los poseedores de Su verdad.

También tenía un concepto humano de amor, ese amor que tiene peros, condiciones, que se recibe o se da a quien lo "merece", pero no esa energía básica que siento hoy todo el tiempo. Lo entendía como una fuerza que los seres humanos podíamos activar y desactivar a nuestro antojo y como un regalo a quien decidíamos dárselo. Lo entendía como si el gran mérito fuera merecer recibir amor, cuando hoy entiendo que el gran mérito es ser capaz de dar todo el que puedas.

Que Dios es amor es un hecho absoluto e innegable. En mi experiencia, Él entiende a los seres humanos como energías únicas e irrepetibles, que están en proceso de aprendizaje y que viven momentos y situaciones diferentes, de acuerdo con la enseñanza que estén experimentando en ese momento. No es fácil para mí explicarlo sin que se generen confusiones o cuestionamientos, o que lo que planteo pueda generar malestar a partir de la fe de cada persona, pero la descripción más precisa y acertada que les puedo dar es de una energía absoluta de amor total, que se compone, además, de la energía de todos los seres humanos y que en un momento dado se dividió para conformarnos a todos los que hemos transitado por el plano terrenal. Energía que se volverá a unir el día que todos regresemos a tener como única opción posible el amor como respuesta. Una energía hermosa, que actúa en nosotros como un padre y una madre al mismo tiempo, que creó esas energías como el *yin* y el *yang*. Una energía que puedes sentir y que está para ayudarte y guiarte, no para castigarte ni juzgarte. Simplemente porque su interés es que puedas regresar a Él, con el alma grande, llena de amor. Una energía que no funciona con los complejos ni ideas humanas de lo que está bien y lo que está mal.

Para regresar a Él, cada uno debe surtir cuantos aprendizajes requiera y las veces que sea necesario, hasta que su alma regrese a su condición de amor puro, que al final es lo que es Dios. En esa certeza también está que el amor de Dios es absoluto. No depende del género, del color, de la edad, de las creencias ni de los actos. No existe el concepto de la forma adecuada de amar y la forma inadecuada. Si amas, amas bien. El amor siempre es bueno, no como algunas creencias lo quieren presentar: no hay un tipo de amor que no sea bueno, no puede estar condicionado a que si amas como otros esperan está bien y si amas de una manera diferente no lo está. Esos conceptos son humanos, de creencias que no vienen de Dios, vienen de aquello que algunas personas han decidido que está bien o está mal y le han achacado a Dios ese criterio. Puede ser que ames a un hombre, a una mujer, a un ser parecido a ti o a un ser diferente. El amor que viene de Dios no hace esas distinciones, porque el alma no tiene género, color, raza, ni ninguna de esas creencias humanas que buscan determinar el buen amor y el mal amor. El amor es Dios y todo el amor se vale para acercarse a Él. Los amores válidos y no válidos son creaciones humanas.

Otro tema que he venido analizando en mi proceso de recuperación tiene que ver con los sueños. Tengo claro que en el momento en el que tú estás escuchando a Dios es mientras duermes, por eso todo lo que sueñas es tan vívido y real. Dormir es ir al otro lado, agarrar lo que necesitas como aprendizaje y como sanación y volver. Por eso todo lo bueno que puede hacer tu cuerpo lo haces mientras duermes. Ese dormir, para mí, es el momento en el que vas al otro plano y experimentas. Por lo general, cuando regresas de un sueño recuerdas de inmediato lo que soñabas, pero un minuto después lo olvidas en tu plano consiente, aunque la información queda. Pueden pasar unos minutos o segundos, y esos recuerdos aparecen como pequeños flashes.

Creo que por esto también percibimos el tiempo diferente en los sueños, porque, como lo escribí, el tiempo no existe. Lo pienso en mi regreso: en el momento en el que me voy a devolver y me devuelvo, entre una cosa y la otra, no pasaron diez minutos. En mi recuerdo, fue inmediato: voy a dar el paso final, me acuerdo de mis hijos, pido permiso para devolverme, me devuelvo, fue cuestión de un ratico. Sin embargo, en este plano se registró como si hubieran sido 17 días.

EL MIEDO A LA MUERTE

Hay gente como yo, que cree en el cambio de plano y no se asusta con el tema de la muerte. Pero no olvidemos que ese miedo corresponde a un mecanismo de control sobre los seres humanos impartido por las creencias religiosas y por la cultura de cada lugar, aunque hay algunas que no la lamentan, por el contrario, la celebran. En México, la muerte se festeja.

El miedo es una forma de controlar a la humanidad. Es lo único cierto para todos independientemente de todo; por lo tanto, controlar ese proceso con miedo te lleva a controlar a los seres humanos. Si hay algo que puede tener consecuencias, si no te gusta, de pronto te abstienes de hacerlo por temor a ser juzgado y condenado. Todos, sin excepción, reflejamos temor a la muerte, cada cual apegado a sus creencias, bien sea desde el tema de la reencarnación, el encuentro con Dios, volver a este plano en forma de animal u otra forma de vida. Miedo en todo el sentido de la palabra.

Como la mayoría no tiene claro qué es la muerte, nos han infundido miedo como una forma de control. Lo veo con los adultos mayores asustados por el Covid-19. Este virus le recordó a la humanidad que la muerte es un hecho y la humanidad volvió a entrar en pánico. Volvió a sentir en riesgo una vida que cree eterna y volvió a ver que es para todos. Ese recordatorio fue el peor legado que, según ellos, ha traído el Covid-19. Seguimos educados para hacer de cuenta que la muerte no existe, que no nos va a tocar y que es una tragedia cuando ocurre. Parte del miedo radica en no saber qué hay después. Es una situación que tiene a la humanidad sumida en un descontrol y un pánico. Mucha gente mayor no se vacunó porque pensaba que se moriría, a pesar de que las vacunas mostraron ser efectivas, la inacción de mucha gente venía simplemente del miedo a morir.

Mi gran conflicto en este punto es la incoherencia de creer en Dios, pero al mismo tiempo tenerle miedo. A raíz de todo lo que ha pasado con la pandemia, decidí preguntarle a gente conocida y familiares sobre sus miedos. La mayoría de las personas manifestaron miedo a morir. Veo gente que teme morir porque está muy apegada a lo terrenal. Pero lo que más me impactó fue oír que hablar de la muerte en la forma en la que lo hago podría malinterpretarse como que la muerte es algo deseable. Estas personas entienden la vida como algo bueno y la muerte como algo malo. Presenciamos una pelea casi que inhumana contra la muerte; la medicina y todas las ciencias trabajan a diario en demorarla, en alargar la vida, en frenarla a toda costa, a tal punto que se considera que la persona que manifiesta sus deseos de volver a casa creemos que necesita tratamiento psicológico. Creo que se ha roto la balanza. La vida y la muerte son dos lados de una misma moneda. Sin la una no existe la otra; no hay buenos ni malos en el proceso.

A varios adultos mayores, si les hablas de la muerte, se ponen mal; pero no considero que hablarles de la muerte sea un irrespeto. Creo que no hablar de ello nos hace mucho daño a todos. De hecho, este miedo es tan fuerte que hoy estoy convencida de que el alma se ve en la necesidad de producir enfermedades horrorosas, para poder soltarse del cuerpo, porque en ese miedo aprendido la persona se niega tanto a hacer el cambio de plano que el cuerpo debe forzarlo.

¿Cuál es el miedo real? Es la cantidad de creencias que nos han metido de la muerte para controlarnos. Si te atreves a decir que te alegras porque alguien murió, es probable que te juzguen y te señalen como la peor persona. Pero en este punto no coincido. Si veo a alguien que sufre, le deseo la muerte porque está sufriendo. Si veo a alguien que ha hecho mucho daño, me alegra su muerte porque su alma necesitaba con urgencia recalcular sus decisiones y el manejo de su libre albedrío para cambiar sus decisiones al regresar a este plano o ir a otro. Si alguien tiene una muerte "repentina" y sin dolor, me ale-gra que su aprendizaje en este plano haya concluido y su alma no se haya aferrado a este plano y se haya evitado malos momentos. Entonces, sí, la muerte me alegra, como me alegra la vida: dos caras de una misma moneda, igual de hermosas, de importantes, de mágicas e imprescindibles para lograr el crecimiento del alma. Entiendo que el dolor que aguantan es por miedo y por eso les deseo la muerte, con todo el amor del mundo, por supuesto. Por eso quiero desmitificar el tema de la muerte.

La muerte no es mala, es algo que nos toca a todos. Si nos quitaran ese concepto de la muerte, tal vez la afrontaríamos de otra manera. Es que basta la imagen que tenemos de la muerte, ese hombre horrible encapuchado con una oz, para entender cómo la concebimos, además, siempre se habla de la persona que evade la muerte como un héroe. Yo creo que hay que quitarle ese concepto a la muerte para que la gente viva más tranquila. Los seres humanos sufrimos por algo que es inevitable, pero eso se debe a discursos que han dis-torsionado la manera como debemos verlo. Lo único que yo puedo reiterar es que se trata de un momento mágico en el que vuelves a ver tu vida, como espectador, sin miedo, sin angustia, sin nada que pueda dañarte. Todo lo que ves lo entiendes, lo aceptas, lo abrazas, lo perdonas y superas, superas todo lo que viviste.

No tengo la certeza de que todo el mundo la va a vivir igual, pero sí tengo la certeza de la capacidad de amar de Dios, de lo que vinimos a aprender y de que la idea es volver a reunirnos todos como una energía de amor puro. Allá llegaremos todos, de eso no tengo duda. Tuve un Dios amoroso esperándome, abrazándome y un Dios amoroso que me dejó volver. Por eso digo que respeto todas las creencias, las de cada persona; y que no es necesario sufrir, no vale la pena. En la vida, venimos a aprender. Y qué bueno el que aprende, porque se ahorrará regresos a este plano; no me cabe la menor duda.

Hacerle fiestas a la culpa y hacer que la gente se asuste con su paso por este plano y con la muerte me parece infame, porque reduce a los seres humanos a la mínima expresión desde el miedo. Con el miedo, logras lo que sea: el miedo a la muerte es el caballito de batalla de todas las creencias que buscan amilanar a los humanos. Creo que la necesidad de controlar lo que los demás hacen ignora por completo que el proceso del alma de cada cual es propio, no se realiza en grupo. No tengo miedo de morir, me parece algo normal. Lo difícil es la vida, porque al otro lado es divino. Si la gente viviera con la tranquilidad con la que yo vivo, su vida sería diferente.

La vida y la muerte son procesos hermanos; una necesita a la otra para existir. Ninguna creencia debe hacerte daño, porque tu alma es la que está en juego. Nadie puede darte evidencia alguna de lo que ocurre cuando alguien muere, entonces ¿por qué creer en aquellos que la entienden como algo malo? Hay diferentes libros de creencias que son entendidos por muchas personas como la verdad; sin embargo, creerlas es tu decisión, pues nada de lo que te dicen se puede probar. Creer es un tema de fe. Tú decides si la fe juega en tu vida un papel hermoso o un miedo infinito. Eso depende solo de ti. La vida solo se trata de vivir, de aprender y de llenar el alma de amor. Si a ti esa creencia te hace vivir más tranquilo, bien, pero si te hace daño, estás sujeto a una creencia que nadie te puede probar. No quiero decirle a la gente que lo que creen es mentira. Espero que la gente pueda creer y ser feliz. Lo que digo es que si alguien tiene una creencia que le hace daño, invito a que la cuestione. Si le hace daño, ¿por qué la mantiene? Aunque hay creencias muy arraigadas en las personas que, por temor a ser juzgadas o señaladas, evitan replantearlas.

Me han pasado cosas terribles con las caídas y lo tomo de la mejor manera, no tengo otra opción. Amargarme y lamentarme no me va a solucionar el problema. Y siempre lo asumo como parte del aprendizaje que estoy viviendo. Tú decides cómo quieres asumir los golpes y los momentos duros de la vida, pero nadie lo puede decidir o vivir por ti.

El crecimiento del alma es un proceso individual y único. Conoces gen-te que te ayuda, te enseña, te permite entender muchas cosas y otras que sacan lo peor de ti. Todas estas personas son grandes maestros y las lecciones son igualmente valiosas, porque para llegar a ser amor puro debes identificar la "basura" de tu alma y limpiarla a punta de toneladas de amor.

Todas las vivencias son importantes porque hacen parte de un proceso que es único, muy personal, que no es equiparable al de nadie ni equivalente al de otra persona. Para explicarlo mejor, usaré un ejemplo: haz de cuenta que Dios era una bola de energía de amor puro que se dividió en miles de millones de pedacitos, las almas. Esas almas debían ir a conocer el mundo y volver a reencontrarse todas y volver a formar una enorme bola de amor a quien yo llamo Dios. El tema es que a esas almitas se les dio libre albedrío y en ese momento cada una agarró para un pedazo diferente. Cada una inició experiencias diferentes y cada una se llenó de basurita. Cuando intentaron volver a casa, cada una tenía basura de experiencias diferentes. Ahora cada una tenía que encontrar la manera de limpiar su propia basurita al lograr recordar que la respuesta es amor.

Por eso cada vivencia nos pone a prueba en ese sentido. Cada vivencia le ofrece a nuestra vida ingredientes únicos; por lo tanto, es imposible pensar que todas son iguales como para meterlas en un grupo de reglas similares para todos los humanos. La familia apoya para aprender, pero este es un tránsito que depende de cada uno solo. El libre albedrío es una opción; se requiere del "mal" y hay personas que vienen a abrir el espacio para hacerlo posible. No son malos, son nuestros grandes maestros. Somos muy buenos para ver los "defectos" en los demás y no vemos los propios.

Los humanos, en este plano, nos llenamos de verdades absolutas que solo nos hacen daño, ya que ninguna es real. Nadie nos puede decir qué va a ocurrir porque cada proceso es individual y único. Voy a tratar de explicarlo mejor: las madres estamos convencidas de que moriremos primero que nuestros hijos y actuamos a partir de esa certeza. Si un hijo muere primero que nosotros, lo entendemos como una falla en el proceso, peleamos con Dios y, en muchos casos, hay madres que no lo superan nunca. Pero no entendemos que cada hijo tiene un proceso independiente, que no es parte del nuestro, que ellos tienen su propia agenda con Dios y que nosotros solo somos el vehículo para que llegue a ser adulto. Son un gran instrumento para entender de qué se trata el amor. Pero, reitero, no hacen parte de nuestro proceso ni nosotros del de ellos.

Parece muy fácil de entender y en palabras se ve sencillo, pero es tan difícil de asimilar que produce miedo y desolación. Por eso es importante entender que el miedo y el dolor no lo producen los hechos, sino nuestra creen-cia sobre ellos.

El noventa por ciento de las personas que tienen una religión no cuestionan lo que les han inculcado no porque no tengan la capacidad de hacerlo, sino porque llegar a la conclusión de que esa garantía de salvación que la religión ofrece no existe es entrar en pánico. Eso me pasaba a mí, antes de vivir lo que viví. Creía en el Dios del que me hablaron y en la pregunta que alguna vez me hicieron: "¿No tienes temor de Dios?". Veía a Dios como una mezcla de poder y leyes que no me permitían asumir la responsabilidad de mi alma. Nunca me enseñaron a escuchar a Dios en mi vida, en mi mente, en mis decisiones, en mis intuiciones, seguramente porque no lo sabían, no lo habían vivido y por eso daba explicaciones humanas, con lenguaje humano y respuestas humanas. Nunca me enseñaron a creer en las mil quinientas formas en las que se siente Su presencia, pues nadie tiene permitido creer que Dios le habla; si eso sucede, cree la gente, es porque la persona está loca. Me enseñaron que sus palabras estaban escritas en un libro y que ahí debería buscarlas. Pero Dios sí nos habla. Los feligreses creen erróneamente que Dios les habla a las iglesias, a los sacerdotes, al papa, pero no a la gente del común. Eso es lo que yo entendía de la relación con Dios. Miedo a ser juzgados por Dios. Miedo a ser desterrados de la salvación. Así no funciona esto. No, por lo menos, con el dios al que yo accedí.

Desde muy chiquita, me decían: selecciona tus batallas. Siempre lo tuve en mi cabeza como una forma de vida. Y, en este proceso, esa concisión me ha servido muchísimo. De hecho, ha sido una parte importantísima de mi proceso, porque me ha ahorrado grandes discusiones que ya no doy. En este momento, tengo certezas en las que creo firmemente, pero no puedo salir a pontificarle a la gente que Dios existe, que su energía es amor, que venimos a la vida a aprender y lo que no aprendemos lo volvemos a vivir en esta o en otra vida.

Entiendo que mucha gente pueda cuestionar estos planteamientos y no va a asumirlos como una verdad. Primero, porque no están listos, no han vivido lo que tienen que vivir para aprenderlo. Segundo, porque no han renunciado al miedo, sentimiento que genera inacción en las personas. Me quiero referir al miedo como gran obstáculo de los procesos de aprendizaje en este plano.

UN CAMINO DE APRENDIZAJE

Otro de los grandes cambios que tuvo mi vida fue empezar a ver las cosas de una manera diferente. Siempre busco lo bueno de todo, las oportunidades y las lecciones que la vida me da en cada momento sin juzgar o señalar. Antes tenía el concepto de vida perfecta como ese proceso en el que no se sufre, nada duele, no hay problemas. Con esto no quiero decir que me he convertido en una santa, y no me interesa llegar a serlo nunca, por lo menos no en el concepto humano de "santidad". Solo quiere decir que entendí que los problemas, los retos que te pone la vida, son grandes oportunidades y depende de ti convertirlos en hermosos aprendizajes o en desgracias que depriman. He tenido momentos en los que he tenido fuertes discusiones con Dios por lo que me pasó. He llorado de frustración y rabia, tratando de aceptar esa nueva realidad que me ha tocado enfrentar. Tal vez la diferencia es que hoy, después del vendaval de ira y frustración, logro ver las ventajas y los motivos que causaron el problema y aprender de eso o aprovecharlo.

Hace un par de meses, me falló mi pie derecho y terminé con la nariz rota y una costilla fisurada. Al principio, lloré de la furia, no podía entender mi torpeza, qué le pasaba a mi pierna, por qué mis brazos no habían reaccionado para evitarme el golpe. Sin embargo, cuando la furia pasó y traté de entender qué era lo que me había sucedido en realidad, me di cuenta de que me tropecé, mi pierna izquierda se echó hacia atrás para no dejarme caer, pero la falta de fuerza de la derecha me tumbó al piso.

En ese momento, me di cuenta de que mi cuerpo había reaccionado por reflejo y que lo que había faltado había sido el apoyo de la pierna derecha. Lo que era una frustración se convirtió en una gran noticia: mi pierna izquierda recuperaba los reflejos. Eso, que de seguro me causaría mil moretones y dolores, era una habilidad que había perdido y que mi cuerpo recuperaba. Aprendí a darle la vuelta a ciertas situaciones, a ver el lado bueno de las cosas. No porque sea una santa ni nada por el estilo, sino porque la realidad no cambia peleando con ella, cambia cuando la entendemos y nos fortalecemos para de-rrotarla.

Puedes buscar los defectos y los dolores en cada momento de tu vida y lamentarlos o entender que hacen parte de las vivencias que tu alma pide y que, por lo mismo, por mal que veas las cosas, todo siempre está bien.

Otro aspecto difícil de explicar y que me ha dejado grandes enseñanzas es el perdón. Durante muchos años, crecí con la idea de la importancia de perdonar como si los demás tuvieran la obligación de adaptarse a nuestras creencias. No puedes pensar que el otro está en el mismo momento de aprendizaje tuyo y que hay verdades absolutas frente a los errores. Esto, como lo he comentado varias veces, es un tema individual, donde cada persona está en un proceso único de crecimiento espiritual, con vivencias, lecciones y aprendizajes propios. Con esto quiero explicar que tu dolor no es responsabilidad de quien lleva a cabo algo que te lastima, sino que es la respuesta a que otra persona actúe diferente a ti o a lo que tú esperas.

Cuando crees que perdonar es un acto de grandeza, partes del principio de que tú tenías la razón en lo que te dolió y el otro estaba equivocado, y tú, en tu enorme grandeza, le vas a dar el honor de perdonarlo. Eso es un ataque de la vida a tu ego; tu dolor parte de aquello que crees y esperas que los otros respondan a esa creencia tuya, pero la creencia de la otra persona está determinada por numerosos factores que, muchas veces, no tienen nada que ver con la interpretación que tú le das a eso que te hizo daño. Por eso, para mí, es un tema de ego hablar de perdonar. Lo que te duele o lastima parte de tus verdades y tus creencias, no de la persona que hace aquello que te lastima. Para mí, hoy es más claro que cada crecimiento es individual y que cada lección es oro para el alma.

De tal forma, es casi imposible pensar que lo que a ti te lastima o te ha-ce daño es lo mismo que lastima o les hace daño a los otros. Por eso creo que nadie tiene nada que perdonarte y nadie tiene por qué buscar tu perdón ante situaciones que nos ponen a prueba. Aquí el tema se resume en tu aprendizaje y el mío. Esa necesidad del ser humano de cumplir con las expectativas de los demás es inútil y dañina, pues nadie está en el mismo momento y estado. No quiero decir con esto que no sea necesario poner reglas de convivencia y le-yes, no en vano soy abogada. Lo que quiero decir con esto es que, como lo he repetido incansablemente, el proceso de cada uno es individual y único, por lo cual las leyes impuestas para acceder al "cielo" son absurdas y humanas. Dios es una energía movida por el amor, no por el miedo.

AGRADECIMIENTOS

A Andrés, mi gran compañero de vida, por apoyarme, darme paciencia, ser el mejor papá que mis hijos pudieron necesitar, darme el tiempo de recuperarme para que nuestros Juanes no estuvieran solos. Por retarme, por darme todo su apoyo y amor. Te extraño y te amo infinitamente. Jamás pensé que fueras a poder constatar mi vivencia tan pronto y tan de repente. ¿Viste lo hermoso que es volver a casa? ¡El próximo libro lo escribiremos entre los dos!

A mis hijos, que son la razón de estar de regreso. El amor que mueven en mi alma ha sido la gasolina diaria.

A mis médicos, pues sin ellos mi regreso a la normalidad habría sido mucho más difícil.

A mi familia, que puso toda su energía y amor en lograr mi regreso.

A mis hermanas, sobra decir lo mucho que las amo.

A todos aquellos que no me dejaron dudarlo y que me llenaron de fuerza.

A quienes con su talento y amor volvieron este libro algo hermoso.

A ti, que sabes desde siempre y para siempre el color de mi alma. El amor es la repuesta.

BIBLIOGRAFÍA

Alexánder, Eben. *La geografía del cielo*. Bogotá: Editorial Diana, 2013.

Arango, Elsa Lucía. *Experiencias en el cielo*. Bogotá: Grijalbo, 2015.

Auster, Paul. *La invención de la soledad.* Barcelona: Anagrama, 2006.

Buhlman, William. *Adventures in the Afterlife*. Nueva York: CreateSpace Independent Publishing Platform, 2013.

Carrillo, Emilio. *El transito: vida más allá de la vida y experiencias cercanas a la muerte.* Madrid: Sirio Editores, 2015.

Carter, Chris. *Science and the Near-Death Experience: How Consciousness Survives Death.* Chicago: Inner Traditions, 2010.

Hay, Louis L. Vivir. *Reflexiones sobre nuestro viaje por la vida.* Bogotá: Urano, 1995.

Rodríguez, Guiomar. *Dicen que soy milagro.* Bogotá: Panamericana, 2008.

Weiss, Brian. *Muchas vidas, muchos sabios*. Bogotá: Tercer Mundo Editores, 1988.

www.ingramcontent.com/pod-product-compliance
Lightning Source LLC
LaVergne TN
LVHW041316080426
835513LV00008B/493